निबन्ध माला

स्कूल के छात्र-छात्राओं के लिए 51 उपयोगी निबंध

वी एण्ड एस पब्लिशर्स

प्रकाशक

वी एण्ड एस पब्लिशर्स

F-2/16, अंसारी रोड, दरियागंज, नयी दिल्ली-110002

☎ 23240026, 23240027 • *फैक्स:* 011-23240028

E-mail: info@vspublishers.com • *Website:* www.vspublishers.com

क्षेत्रीय कार्यालय : हैदराबाद

5-1-707/1, ब्रिज भवन (सेन्ट्रल बैंक ऑफ इण्डिया लेन के पास)

बैंक स्ट्रीट, कोटी, हैदराबाद-500 095

☎ 040-24737290

E-mail: vspublishershyd@gmail.com

शाखा : मुम्बई

जयवंत इंडस्ट्रिअल इस्टेट, 2nd फ्लोर - 222,

तारदेव रोड अपोजिट सोबो सेन्ट्रल मॉल, मुम्बई - 400 034

☎ 022-23510736

E-mail: vspublishersmum@gmail.com

फ़ॉलो करें:

हमारी सभी पुस्तकें **www.vspublishers.com** पर उपलब्ध हैं

मुद्रक: **रेप्रो नॉलेजकास्ट लिमीटेड, ठाणे**

प्रकाशकीय

वी एण्ड एस पब्लिशर्स जनहित, आत्मविकास एवं शैक्षणिक सम्बन्धी पुस्तकें प्रकाशित करते हैं। पुस्तक प्रकाशित करने के क्रम में इस बार हमने **'निबन्ध माला'** प्रकाशित किया है।

प्रस्तुत निबन्ध-संग्रह स्कूल के छात्र/छात्राओं एवं अन्य प्रतियोगी परीक्षा को ध्यान में रखकर तैयार किया गया है। इस पुस्तक में बारह प्रकार के निबन्ध दिये गये हैं, जिनमें- समाज, विद्यार्थी जीवन, जीवन मूल्य, आत्मकथा, दृश्यवर्णन, साहित्य, संदेशगर्भित, राजनीति, ज्ञान-विज्ञान,त्योहार, त्रासदी और महान् व्यक्तित्व पर आधारित निबन्ध हैं। सभी निबन्ध आधुनिकतम जानकारी एवं नई विचारधाराओं से परिपूर्ण हैं। इन निबन्धों में वर्णनात्मक, विवरणात्मक, विचारात्मक और भावात्मक निबन्ध शामिल है।

निरन्तर अभ्यास से निबन्ध की कला में परिपक्वता आती है। इसलिए छात्रों से सलाह है कि वे निबन्ध पढ़कर इसका अभ्यास अवश्य करें। प्रस्तुत पुस्तक में इस बात का खास ध्यान रखा गया है कि निबन्ध की भाषा-शैली सरल, सुगम एवं बोधगम्य हो।

हमें पूर्ण विश्वास है कि यह पुस्तक स्कूल के सभी वर्गों के छात्र-छात्राओं एवं प्रतियोगी परीक्षा के विद्यार्थियों के लिए अत्यन्त उपयोगी सिद्ध होगी।

विषय-सूची

1

समाचार-पत्र

मानव पृथ्वी पर सबसे अधिक विवेकशील प्राणी है। मानव में आवश्यकताएँ अनेक हैं जिनमें वे समाचार व सूचना भी एक है। मानव सामाजिक प्राणी होने के कारण प्रतिदिन विभिन्न प्रकार की सूचनाओं से अवगत होना चाहता है। इन सूचनाओं के अवगत होने का एक प्रमुख माध्यम समाचार-पत्र हैं। समाचार पत्रों में विभिन्न प्रकार की सूचनाएँ प्रतिदिन प्रकाशित होती रहती हैं। लोग देश-विदेश की विविध खबरों एवं घटनाक्रम के विषय में जानकारी प्राप्त करने हेतु समाचार-पत्रों को पढ़ते हैं। दूसरे शब्दों में यह कहा जा सकता है कि मानव विश्व से जुड़े रहने के लिए समाचार-पत्रों के माध्यम से व्यापक ज्ञान प्राप्त करता है और मनुष्य के जिज्ञासु प्रवृत्ति की वजह से समाचार-पत्र का प्रकाशन प्रारम्भ हुआ।

वास्तव में मानव जीवन में समाचार पत्रों का विशिष्ट योगदान है। 'इंडिया गजट' नामक समाचार-पत्र विश्व का और "उदन्त मार्तण्ड" हिन्दी का पहला प्रकाशित होने वाला समाचार पत्र है।

हिन्दी का सर्वप्रथम समाचार-पत्र 'उदन्त मार्तण्ड' कलकत्ता से प्रकाशित हुआ। आज हिन्दी-अंग्रेजी के सैकड़ों अखबारों में से प्रमुख हैं— हिन्दुस्तान, हिन्दुस्तान टाइम्स, नवभारत टाइम्स, टाइम्स ऑफ इंडिया, दैनिक जागरण, जनसत्ता, पंजाब केसरी, पायोनियर, इंडियन एक्सप्रेस, ट्रिब्यून, स्टेट्समैन आदि।

वर्तमान दौर में समाचार-पत्र एक ऐसा साधन बन चुका है जो मानव को सम्पूर्ण विश्व से जोड़ता है। प्रातः होते ही संसार की महत्त्वपूर्ण जानकारियाँ समाचार-पत्र द्वारा हमारी टेबल पर उपलब्ध हो जाती हैं। अतः 'समाचार-पत्र संसार का दर्पण हैं' कहना गलत नहीं होगा। आधुनिक समय की गति एवं स्वभाव की जानकारी एवं देश के स्थिति जानने के लिए क्षेत्र का दैनिक समाचार-पत्र अवश्य देखना चाहिए। समाचार-पत्रों के माध्यम से लोकतन्त्र की रक्षा होती है।

लोकतन्त्र की सफलता हेतु यह जरूरी है कि जनता सब कुछ जाने और अपनी इच्छा-अनिच्छा को प्रकट करे। ऐसी जनता ही जागरूक और लोकतन्त्र के योग्य कही जाती है। दुनिया के बड़े-बड़े तानाशाह भी समाचार-पत्र से भयभीत रहते हैं।

समाचार-पत्र देश की जनता का पथ-प्रदर्शन करती हैं। समाचार-पत्रों के संपादक, संवाददाता या अन्य अधिकारी जिस समाचार को जिस ढंग से देना चाहें दे सकते हैं। वे किसी भी घटना को जनता के लिए सुखद या दुखद बनाकर पेश कर सकते हैं। समाचार-पत्रों में आम जनता के विचार जानने के लिए कॉलम भी होते हैं। उनके द्वारा जनता अपने विचार सरकार या समाज तक पहुँचाती है। इससे भी जनमत जानने में सहायता मिलती है। विभिन्न समाज-सुधारक चिन्तक, विचारक, आंदोलनकर्ता, क्रान्तिकारी अपने विचारों को समाचार-पत्रों में छापकर जनता को प्रभावित करते हैं।

पाठकों के ज्ञान वृद्धि में भी समाचार-पत्रों की महत्त्वपूर्ण भूमिका होती है। विशेष रूप से रविवारीय पृष्ठों में छपी जानकारियाँ, नित्य आविष्कार, नए साधन, नए पाठ्यक्रमों की जानकारी, अद्भुत संसार की अद्भुत जानकारियाँ पाठकों का ज्ञानवर्धन करते हैं। समाचार-पत्र में विभिन्न रोगों की जानकारी एवं उनके इलाज के उपाय भी प्रकाशित किये जाते हैं। पाठकों के मनोरंजन हेतु रंग बिरंगी सामग्री भी इसके अलावा छापे जाते हैं।

क्रीड़ा-जगत्, फिल्मी संसार, चुटकुले, कहानियाँ, पहेलियाँ, रंग-भरो प्रतियोगिता के माध्यम से बच्चे, किशोर और तरुण भी समाचार-पत्रों का बेसब्री से प्रतीक्षा करते रहते हैं।

समाचार-पत्रों से आम जनता को लाभ मिलता है परन्तु इन पत्रों का सबसे अधिक लाभ उद्योगपतियों, कारखानों और वणिज्यिक संस्थानों को प्राप्त होता है। प्रचार एवं विज्ञापन के द्वारा इनका माल रातों-रात देशव्यापी बन जाता है। यह बेरोजगारों को रोज़गार दिलाता है, वर को वधू और वधू को वर दिलाता है, सूनी गोद वालों को बच्चे गोद दिलाता है। सम्पत्ति खरीदते-बेचने का काम आसान बनाता है। सोना-चाँदी एवं शेयरों के दैनिक भाव बताता है। समाचार-पत्र में पूरे विश्व की खबरें छपी रहती है इसलिए इसे लोकतन्त्र का चौथा स्तम्भ कहा जाता है।

2

भ्रष्टाचार के बढ़ते कदम और उसकी रोकथाम

आधुनिक युग को यदि भ्रष्टाचार का युग कहा जाये तो शायद कोई गलत नहीं होगा क्योंकि आज विश्व के प्रत्येक क्षेत्र में यदि गौर किया जाये तो हर ओर भ्रष्टाचार ही भ्रष्टाचार नजर आ रहा है। आज प्रत्येक मानव धन की लालसा दिन प्रतिदिन विकसित होती जा रही है। प्रत्येक व्यक्ति अधिक धनी बनने की कामना के कारण अनेक प्रकार के अनुचित अथवा भ्रष्ट आचरण करता है। व्यापारी लोग अधिक धन कमाने के लिए खाने-पीने की सामान्य वस्तुओं में मिलावट करते हैं।

दूधिये सिंथेटिक दूध बेचकर लाखों लोगों के स्वास्थ्य के साथ खिलवाड़ करते हैं। इस दूध में यूरिया तथा अन्य हानिकारक पदार्थ मिलाए जाते हैं। कुछ समय पूर्व दूरदर्शन पर तथा समाचार पत्रों में बताया गया था कि कोल्ड ड्रिंक्स में भी कीटनाशक दवाइयों का अधिकतम प्रयोग किया जा रहा है। इसी प्रकार व्यापारी वर्ग ज्यादा मुनाफे के लिए करोड़ो लोगों को धीमा जहर पिला रहे हैं। नकली दवाइयाँ खाकर लाखों लोग अपने जीवन से हाथ धो बैठते हैं। फलों और सब्जियों को भी रासायनिक पदार्थों द्वारा अधिक आकर्षक बनाया जाता है।

भ्रष्टाचार के प्रसार के लिए टीवी को भी जिम्मेदार ठहराया जा सकता है। क्योंकि तमाम चैनलों पर इतने अश्लील कार्यक्रम दिखाए जाते हैं कि किशोर तथा युवा वर्ग के लिए चरित्रहीनता आजकल सम्मान की वस्तु बन गयी है। अवैध सम्बन्धों को अप्रत्यक्ष रूप से समर्थन दिया जा रहा है। फिल्मों में हिंसा और नग्नता का खुलेआम प्रदर्शन भी समाज की व्यवस्था को अपाहिज बनाने में पूरा योगदान दे रहा है।

आज फैशन के दौर में नारी को उत्पाद के रूप में पेश किया जा रहा है। प्रतिदिन हो रहे फैशन शो हमारी भ्रष्ट होती सामाजिक व्यवस्था का ही प्रमाण है। आजकल पारिवारिक सम्बन्धों में भ्रष्टाचार ने विष-बीज बो दिये हैं। तथाकथित 'कजिन' तथा 'अंकल' किस प्रकार शारीरिक शोषण करते हैं इसका प्रमाण देने की आवश्यकता नहीं है। अनेक परिवारों में निकट के रिश्तेदार किशोरियों तथा नवयौवनाओं को अपनी कामपिपासा की पूर्ति का साधन बनाते हुए जरा भी हिचकिचाते नहीं।

विभिन्न नवयुवतियों एवं बालिकाओं का जीवन दहेज प्रथा के कारण ही नरक के समान हो जाता है। कम दहेज वाली अधिकांश युवतियाँ आत्महीनता के बोध से ग्रस्त रहती हैं तथा उनसे मानसिक तथा शारीरिक दुर्व्यवहार किया जाता है। समाज में संभ्रांत लोग कर-चोरी जैसा अपराध धड़ल्ले से करते हैं तथा इसे भ्रष्टाचार का नाम देने से गुरेज करते हैं।

तमाम व्यवसायी विक्रय कर में घोटाला करते है। आयकर की चोरी तो अधिकांश लोग करते हैं। कस्टम विभाग में अनेक अधिकारी कस्टम कम लगाने के बदले रिश्वत की माँग करते हैं। अनेक बड़े व्यापारी तथा सामान्य लोग भी बिजली की चोरी करते हैं। यह सब कुछ सामाजिक भ्रष्टाचार के अन्तर्गत ही आता है।

आधुनिक समाज में लाखों युवतियाँ कालगर्ल जैसे धन्धे से जुड़ी हैं। लाखों स्त्रियाँ वेश्याएँ हैं। धन कमाने के लिए ये स्त्रियाँ समाज की व्यवस्था को विकृत करने का प्रयास कर रही हैं। समाज में मदिरा का प्रचलन बढ़ता जा रहा है।

मदिरा पीकर लोग अनेक प्रकार के अनैतिक कार्य करते हैं। इस प्रकार सामाजिक जीवन में भ्रष्टाचार अपनी विषबेल फैलाता जा रहा है। इसे रोकने के लिए 'संचार माध्यम' (मीडिया) बहुत सहायक हो सकता है तथा कठोर कानून भी इस पर रोक लगाने में प्रमुख भूमिका निभा सकते हैं।

3

युवा-पीढ़ी पर दूरदर्शन का प्रभाव

दूरदर्शन विज्ञान की देन है। यह एक ऐसा दृश्य तथा श्रव्य साधन है जिसके द्वारा हम विश्व में घटित होने वाली विभिन्न घटनाओं को अपनी नंगी आँखों से देख व सुन सकते हैं। अतः दूरदर्शन ने समस्त विश्व को एक मंच पर लाकर खड़ा कर दिया है। दूसरे शब्दों में यह कहा जा सकता है कि दूरदर्शन ने समस्त विश्व के मानव समुदाय को राष्ट्रीय तथा अन्तर्राष्ट्रीय स्तर पर एक-दूसरे को समझने हेतु महत्त्वपूर्ण योगदान दिया है। आज दूरदर्शन की लोकप्रियता खूब बढ़ गयी है। रेडियो की तरह घर-घर दूरदर्शन को स्थान मिला है। दूरदर्शन दर्शकों का मित्र, पथ-प्रदर्शक तथा एकान्त का सार्थक साथी बन जाता है।

दूरदर्शन का पारिवारिक तथा सामाजिक स्तर पर विशिष्ट स्थान है। दूरदर्शन से व्यक्ति को विभिन्न प्रकार के लाभ होते है जैसे—दूरदर्शन एक शिक्षक की भूमिका निभाता है, दूरदर्शन पर प्रसारित किये जाने वाले कार्यक्रम समाज का दिशा-निर्देश करते हैं। घर-परिवार ही नहीं, विभिन्न शिक्षण संस्थाओं में दूरदर्शन एक अध्यापक की भाँति कार्य करता है।

दूरदर्शन मनोरंजन का एक ऐसा साधन है जिनके द्वारा कोई भी व्यक्ति अपने घर बैठे फिल्में, फिल्मी गीत, नाटक, झलकियाँ, कवि-सम्मेलन तथा विचार गोष्ठियाँ ही नहीं, देश-विदेश में हो रहे दैनिक क्रिया-कलापों को देख सकते हैं। दूरदर्शन पर हमें जीवनोपयोगी वस्तुओं के विषय में विज्ञापनों द्वारा जानकारी मिलती है। समय-समय पर महत्त्वपूर्ण समाचार तथा सूचनाएँ मिलने में आसानी हो गयी। गुमशुदा की तलाश तथा सामाजिक बुराइयों को दूर करने वाले कार्यक्रम हमारे ज्ञान, प्रेम तथा सौहार्द को बढ़ाने मे काफी सक्षम होते हैं।

देश-विदेश में हो रहे सांस्कृतिक, राजनीतिक आदि कार्यक्रमों को व्यक्ति घर बैठे अपनी आँखों से दूरदर्शन के माध्यम से देख सकता है। दूरदर्शन की सहायता से हम घर बैठे देश-विदेश में खेले जा रहे किसी भी महत्त्वपूर्ण मंच को देख सकते हैं।

दूरदर्शन के आविष्कार से खेल जगत् को काफी प्रसिद्धि प्राप्त हुई है। दूरदर्शन हमें मौसम सम्बन्धी जानकारी दे कर तरह-तरह से सावधान रहने में भी सहायता करता है। देश-विदेश में हो रही लड़ाइयों के दिनों में दूरदर्शन का महत्त्व और भी अधिक बढ़ जाता है।

अतः स्पष्ट रूप से यह कहा जा सकता है कि दूरदर्शन ने मनोरंजन जगत् में एक लहर पैदा कर दी है। अधिकतर संभ्रान्त वर्ग तथा उच्चमध्य वर्ग के लोग तो अब दूरदर्शन पर ही अपने मनपसंद कार्यक्रम देखते हैं।

दूरदर्शन का युवा वर्ग पर सबसे अधिक प्रभाव पड़ रहा है। इसके अलग-अलग चैनलों पर तमाम सीरियल प्रदर्शित होते रहते हैं। अधिकांश सीरियलों में अवैध प्रेम सम्बन्धों का चित्रण होता है। इसका युवा-पीढ़ी पर काफी बुरा प्रभाव पड़ता है। गाँव में रहने वाले भोले युवकों तथा युवतियों के चरित्र पर इन कार्यक्रम का दुष्प्रभाव देश को विनाश के गर्त की ओर ले जा रहा है।

आज दूरदर्शन पर जो कार्यक्रम दिखाये जा रहे हैं उनमें से अधिकांश कार्यक्रम हिंसा, तथा अश्लीलता पर आधारित होते हैं। फिल्मी कार्यक्रमों का भी दूरदर्शन पर निरन्तर प्रसारण होता है। इन कार्यक्रमों को देखकर देश की युवा-पीढ़ी में फैशन की प्रवृत्ति बढ़ती जा रही है। फैशन के नाम पर नग्नता और अश्लीलता की बाढ़ ने युवा-पीढ़ी को अभिशप्त कर दिया है।

आज का लगभग हर नौजवान रातों-रात धनवान बनने का सपना देखता है और इस सपने को पूरा करने हेतु वह अपराध की दुनिया में प्रवेश करने से भी भयभीत नहीं होता है। वास्तव में दूरदर्शन पर अधिकांश चैनल अधिक-से-अधिक धन का अर्जन करने के लिए ऐसे कार्यक्रम प्रदर्शित करते हैं, जिनका युवा-पीढ़ी पर बुरा प्रभाव पड़ रहा है।

वर्तमान युग में देश की युवा-पीढ़ी विलासिता और नशे की गहरी खाईं में डूबती जा रही है। युवक अपने बड़ों का अनादर करने लगे हैं। प्रेम के नाम पर वासना का सागर लहराता दिखायी देता है।

सौन्दर्य एवं फैशन शो के नाम पर देश की युवा-पीढ़ी को नैतिक पतन के गर्त में धकेला जा रहा है। अधिकांश कार्यक्रमों में स्त्री-कलाकार ऐसे वस्त्र पहनती हैं जिन्हें देखकर युवकों के मन में वासना की लहरें आन्दोलित होने लगती हैं। दूरदर्शन को वर्तमान समय में देश के युवा वर्ग के चारित्रिक पतन के लिए सबसे अधिक जिम्मेदार माना जा सकता है।

द्वीप में जीवन-यापन करना किसी के वश की बात नहीं है। समाज में रहते हुए वह सामाजिक वातावरणों से विशेष रूप से प्रोत्साहित होता है। मानव जीवन को आगे बढ़ाने में साहित्य का महत्त्वपूर्ण योगदान होता है। मानव जीवन की गहराइयों में साहित्य की जड़ें दबी हुई हैं। जहाँ साहित्य जीवन से प्रभावित होता है, वहाँ जीवन को प्रभावित भी करता है। वह हमारी भावनाओं को तीव्र भी करता है और उनका परिष्कार भी करता है। हमारा हृदय और बुद्धि दोनों ही इससे प्रभावित होते हैं। साहित्य के इस प्रभाव को अनेक राजनीतिक और सामाजिक क्रान्ति की जड़ में मूल रूप से देखा जा सकता है और यह शक्ति साहित्य के जीवन से ही निकलती है। साहित्य स्वान्तः सुखाय पर हिताय भी हो

सकता है तथा आनन्द-प्राप्ति भी उसका प्रमुख उद्देश्य हो सकता है और जीवन एवं जगत् से परे का साहित्य मानो विलास या कल्पना-विलास मात्र होता है। सच्चा साहित्य हम उसी को कह सकते है जिसकी उत्पत्ति में जीवन का 'सत्यम्', आदर्श का 'शिवम्' और कला का 'सुन्दरम्' विद्यमान हो।

'साहित्य जीवन की आलोचना है।' इस प्रकार साहित्य को जीवन की आलोचना कहने से यह बात अपने आप सिद्ध होती है कि साहित्य हमें यह अवगत कराता है कि जीवन क्या है? और उसे कैसा होना या कैसे जीना चाहिए?

जब हम अपने आपसे या अन्य किसी से यह सवाल करते हैं कि जीवन क्या है? तो इसका अर्थ होता है कि जीवन का यथार्थवादी पक्ष, क्या है 'और उसे कैसा होना चाहिए' में आदर्श की स्थापना है। जबकि वास्तविकता यह है कि साहित्य जीवन से पृथक् नहीं है। साहित्य जीवन के बदलते रूपों को पहचानने की चेष्टा का ही दूसरा नाम है। साहित्य अपने समकालीन वातावरण की अद्भुत और प्रतीक है।

हालाँकि हिन्दी साहित्य के इतिहास को विश्लेषण युगज्ञान के उद्देश्य से यदि किया जाये तो यह पता चलता है कि आदिकाल, भक्तिकाल, रीतिकाल तथा आधुनिककाल के जीवन-बोध में सतत बदलाव हुआ है उसे पृथक्-पृथक् रूपों में साहित्यिक अभिव्यक्ति मिली है। आदिकाल साहित्य में दर्शन तथा शौर्य गाथाओं के साथ-साथ शृंगार का चित्रण है जो भक्तिकालीन साहित्य भक्ति के विविध आन्दोलनों का पूरक है। भक्तिकाल में सन्त कवियों ने जीवन के तत्त्वों को खोजकर मानव समाज को जीवन-दिशा प्रदान की है उदाहरण के लिए आज की कविता, कहानी, उपन्यास, नाटक तथा निबन्ध आदि में जीवन की समग्रता का विश्लेषण है। विशेष कर मुंशी प्रेमचन्द के उपन्यास जीवन के प्रतिपादन के लिए प्रतीक के रूप में उल्लेखित किये जा सकते हैं।

हिन्दी साहित्य को मानव जीवन से अलग करना सम्भव नहीं है क्योंकि जीवन के बिना ज्ञान नहीं है और ज्ञान के बिना साहित्य नहीं। अतः ज्ञान और साहित्य दोनों के मध्य गहरा अटूट सम्बन्ध है। साहित्यकार अपने साहित्य को तभी अमर बना सकेगा जब वह उसमें जीवन की व्याख्या पूरी ईमानदारी से करेगा। रवीन्द्रनाथ ठाकुर ने इस संदर्भ में लिखा है कि "हमारा उद्देश्य यह है कि ग्राम-जीवन की तह जो झाड़-झंखाड़ और कूड़े-करकट से भर गयी है, जिसमें प्रवाह नहीं रहा है, वहाँ आनन्द की लहर ला दें।" इस नेक कार्य के लिए सभी साहित्यकारों को मिल कर प्रयत्न करने की आवश्यकता है।

4

कमरतोड़ महँगाई, समस्या एवं समाधान

आज किसी भी देश की गरीब एवं मध्यम वर्ग की जनता के लिए महँगाई एक अभिशाप बनती जा रही है क्योंकि जीवन-यापन हेतु अनिवार्य तत्त्वों जिनमें रोटी, कपड़ा और मकान प्रमुख हैं, के बढ़ते हुए मूल्य गरीब के पेट पर बोझ के समान प्रतीत होता हैं। महँगाई मध्यवर्ग की आवश्यकताओं में कटौती करता है, तो धनी वर्ग के लिए आय के साधनों में वृद्धि करता है। बढ़ती हुई महँगाई भारत सरकार की आर्थिक नीतियों की विफलता है। यह प्रकृति के रोष और प्रकोप का फल नहीं, शासकों की बदनीयती और बदइन्तजामी की मुँह बोलती तस्वीर है। मगरमच्छ के आँसू बहाकर गरीब और दलित वर्ग के उद्धार करने की माला जपने वाली सरकार गरीब और दलित जनता को पिसने और तड़प-तड़प कर मरने को विवश कर रही है।

शरीर ढकने हेतु कपड़ा महँगाई के गज पर सिमटा जा रहा है। सब्जी, दालें, अचार आदि वस्तुएँ गृहिणियों को पुकार-पुकार कर कह रहे हैं–'रूखी सूखी खाय के ठण्डा पानी पी।' अगर महँगाई की दर इसी रफ्तार से वृद्धि करती रहीं तो आने वाले दिनों में गरीब जनता महँगे मकान को छोड़कर प्राचीन युग की भाँति जंगलों में निवास करने के लिए मजबूर हो जायेगी। भारत की राजधानी दिल्ली की आज यह स्थिति है कि दो कमरे-रसोई का सेट पाँच या छः हजार रुपये किराये पर भी नहीं मिलता है, कैसे गुजारा होगा मध्यम वर्ग का?

महँगाई वृद्धि का सबसे बड़ा कारण काला धन, तस्करी और जमाखोरी है। इन तीनों से सरकार तथा अन्य पार्टियाँ खूब चन्दा लेती हैं। तस्कर खुलेआम व्यापार करता है। काला धन जीवन का एक अभिन्न अंग बन गया है। रुपये या धन के अभाव में सरकारी दफ्तर की फाइल नहीं सरकती, पुलिस हरकत में नहीं आती, लाइसेंस नहीं मिलता, कोर्ट की तारीख नहीं पड़ती। जमाखोरी पुलिस और अधिकारियों की मिलीभगत का कुफल है। बिना मिली-भगत के भारत में जमाखोरी करना सूई के छिद्र में से मानव के निकलने जैसा है।

भारत की आर्थिक नीति को अन्तर्राष्ट्रीय ऋण तथा उसके सेवा-मूल्य ने डगमग कर दिया है, भारतीय कोष खाली पड़ा हुआ है। एक तरफ अन्तर्राष्ट्रीय ऋण में वृद्धि हो रही है, तो दूसरी ओर व्यापारिक सन्तुलन बिगड़ रहा है। एक तरफ जहाँ अत्यधिक मात्रा में बीमार मिलें हैं वहीं दूसरी तरफ लघु उद्योग नष्ट कर रहे हैं और राष्ट्रीयकृत उद्योग निरन्तर

घटते जा रहे हैं। इनमें प्रतिवर्ष करोड़ों रुपये का घाटा भ्रष्ट राजनेताओं, नौकरशाहों और बेईमान ठेकेदारों के घर में पहुँचकर जन-सामान्य को महँगाई के गर्त में पहुँचा रहे हैं। जहाँ उत्पादन न बढ़ने के लिए अयोग्य अधिकारी दोषी हैं, वहाँ कर्मचारी आन्दोलन, हड़ताल कर रहे हैं, इन सभी कारणों से महँगाई दिन-प्रतिदिन बढ़ती ही जा रही है। देश की निजी और सार्वजनिक क्षेत्र में तालाबन्दी और हड़ताल से 1987 में तीन करोड़ पचपन लाख 'मेन डेज' की हानि हुई इससे कार्यकुशलता गिरी, आर्थिक-संकट में वृद्धि हुई और महँगाई ने सुरसा का-सा मुँह फैलाया।

सरकार के अनावश्यक खर्च, मन्त्रियों की पलटन, आयोगों की भरमार, शाही दौरे, योजनाओं की विकृति, सब मिलकर गरीब करदाता का खून चूस रहे हैं। देश में खपत होने वाले पेट्रोलियम-पदार्थों के कुल खर्च का लगभग 85 प्रतिशत राजकीय कार्यों में खर्च होता है। शेष 15 प्रतिशत भारत की एक अरब जनता उपयोग करती है। 15 प्रतिशत के लिए प्रचार माध्यमों से बचत की शिक्षा दी जाती है- 'तेल की एक-एक बूँद की बचत कीजिए।'

करीबन करोड़ों रुपये खर्च करके उपग्रह बना रहे हैं। वैज्ञानिक प्रगति व विकास में विश्व के महान् राष्ट्रों की गिनती में आना चाहते हैं, किन्तु गरीब भारत का जन भूखा और नंगा है। आर्यभट्ट, रोहिणी उसकी भूख नहीं मिटा पायेंगे, न ही 'इन्सेट' उनकी नग्नता को ढक पायेगा। यदि यही धन ईमानदारी से गरीबी उन्मूलन हेतु खर्च किया जाता तो यह तय था कि भारत कि निर्धनता अवश्य दूर होती।

जब तक अन्तर्राष्ट्रीय तथा राष्ट्रीय घाटे की खाईं भरी नहीं जायेगी, तो मुद्रास्फीति बढ़ती जायेगी। जैसे-जैसे मुद्रास्फीती में वृद्धि होगी, वैसे-वैसे महँगाई में वृद्धि होगी। जनता महँगाई की चक्की में और पिसती जायेगी। खाईं भरने के चार उपाय हैं जो निम्नवत् हैं–

(1) सरकारी योजनाओं के खर्चों में कमी का आह्वान।
(2) माँग के अनुसार उत्पादन का प्रयत्न।
(3) कर-चोरी रोकने का ईमानदारी से प्रयास।
(4) राष्ट्रीयकृत उद्योगों के प्रबन्ध तथा संचालन में तीव्र कुशलता।

वर्तमान सरकार को महँगाई पर रोक लगाने के लिए अतिशीघ्र प्रयास करना चाहिए। अगर महँगाई की वृद्धि इसी प्रकार निरंतर जारी रही तो एक दिन स्थिति काबू के बाहर हो जायेगी।

5

एड्स की जानकारी ही बचाव

'एड्स' एक जानलेवा बीमारी है जो एच.आई.वी. नामक विषाणु से होती है। 'एड्स' ऐसे बहुत से लक्षणों का समूह है जिससे शरीर की रोग प्रतिरोधक क्षमता कम हो जाती है और रोगी निरंतर मृत्यु की ओर बढ़ता चला जाता है। 'एड्स' (AIDS) का पूरा अर्थ है–

A-(Acquired) एक्वायर्ड - प्राप्त किया हुआ।

I-(Immune) इम्युन - शरीर के रोगों से लड़ने की क्षमता

D-(Deficiency) डेफिसिएंसी - कमी।

S-(Syndrome) सिंड्रोम - लक्षणों का समूह।

एड्स एच.आई.वी. (H.I.V) नामक वायरस विषाणु के द्वारा फैलता है। ये वायरस अत्यंत सूक्ष्म और बीमारी उत्पन्न करने वाले जीव हैं। इन जीवों को सूक्ष्मदर्शी यंत्र से ही देखना सम्भव है। एच.आई.वी. वायरस के शरीर में प्रवेश कर जाने के बाद मरीज की रोगों से लड़ने की क्षमता धीरे-धीरे समाप्त होने लगती हैं। ऐसी स्थिति में रोगी साधारण रोगों का भी मुकाबला नहीं कर सकता।

एच.आई.वी. संक्रमण तथा एड्स में क्या अन्तर है, इसके बारे में जानना अनिवार्य है। जब वायरस शरीर में प्रवेश कर जाता है तब उसी व्यक्ति को एच.आई.वी. संक्रमित कहते हैं। वायरस संक्रमण के 7 से 10 वर्षो तक व्यक्ति को एड्स जकड़ लेता है। एक बार वायरस शरीर में प्रवेश कर जाये तो इससे छुटकारा पाना लगभग असम्भव है। आज एच.आई.वी एड्स कोई एक देश की समस्या नहीं बल्कि सम्पूर्ण विश्व की समस्या बन गयी है।

आज इस दानव रूपी रोग से बहुत से भारतीय पीड़ित हैं। विश्व स्वास्थ्य संगठन द्वारा उपलब्ध कराये गये आंकड़ों पर नज़र डालें तो पता चलता है कि दुनिया में 3 करोड़ 61 लाख वयस्क और करीब 14 लाख बच्चे एच.आई.वी. की चपेट में आ चुके हैं। 1991 में यह संख्या इसकी लगभग आधी थी। भारत में एच.आई.वी. संक्रमित लोगों की अनुमानित संख्या लगभग 3.86 मिलियन है।

भारत के कुछ राज्यों में 1% से अधिक व्यक्ति इस रोग से ग्रसित हैं जिनमें महाराष्ट्र, तमिलनाडु, आंध्रप्रदेश, कर्नाटक, मणिपुर तथा नागालैंड प्रमुख हैं। एड्स के जितने भी

मामले आये हैं, उनमें संक्रमण के 75 प्रतिशत मामले पुरुषों में पाये गये हैं और उनमें से 83 प्रतिशत पुरुषों में यह संक्रमण यौन कारणों से हुआ है। इन आँकड़ों पर यकीन करें तो पता चलता है कि पिछले साल एड्स की वजह से विश्व में लगभग तीस लाख लोगों की मृत्यु हो गयी है।

इस रोग से गतवर्ष लगभग 38 लाख व्यक्ति अफ्रीका के सहारा मरुस्थलीय क्षेत्र के दक्षिणी भागों में पीड़ित हो गये। इसी वर्ष के अन्तिम दौर में वहाँ एच.आई.वी. और एड्स से प्रभावित लोगों की संख्या 2 करोड़ 53 लाख तक पहुँच गयी। कुल मिलाकर यह कहा जा सकता है कि आज विश्व का कोई भी देश ऐसा नहीं हैं जहाँ एड्स का प्रभाव न हो। अब समय आ गया है कि हम इस समस्या को गम्भीरता से लें और समुचित उपाय करें।

वास्तव में एड्स एक संक्रमित यौन रोग है। यह रोग मुख्य रूप से पीड़ित व्यक्ति के साथ शारीरिक सम्बन्ध बनाने से, डॉक्टरों द्वारा संक्रमित सूइयों का प्रयोग करने, मादक पदार्थों का सेवन करने वालों द्वारा दूषित सूई का इस्तेमाल करने, शरीर गुदाई करने वालों द्वारा अस्वच्छ औजारों का प्रयोग करने से, 'संक्रमित रक्त' या 'रक्त पदार्थों' को चढ़ाने से फैलता है।

विश्वव्यापी रोग एड्स के लक्षणों के सन्दर्भ में जानना बहुत जरूरी है। इस रोग से पीड़ित व्यक्ति का शारीरिक भार लगातार कम होता जाता है। इसके गर्दन, बगल या जाँघों की ग्रंथियों में सूजन आ जाती है। इसे लगातार बुखार रहने लगता है। मुँह तथा जीभ पर सफेद चकत्ते पड़ जाते हैं, लेकिन इन लक्षणों का यह अर्थ कदापि नहीं है कि उस व्यक्ति को एड्स ही है। ये लक्षण तपेदिक रोग से भी हो सकते हैं। एड्स रोग की जाँच एलिसा (Elisa Test) तथा वेस्टर्न ब्लॉट (Western Blot) नामक रक्त जाँच से की जाती है।

एड्स का अन्तर्राष्ट्रीय प्रतीक लाल रिबन है। सभी लोग इसे पहनकर विश्व एड्स दिवस पर एड्स के खिलाफ मुहिम के प्रति वचनबद्धता जताते हैं। यह दिवस प्रतिवर्ष 1 दिसंबर को मनाया जाता है। यह दुनिया के सभी देशों के बीच पारस्परिक समझ, करुणा, विश्वास और एकजुटता विकसित करने का संदेश देता है। सर्वप्रथम एड्स के विरुद्ध विश्वव्यापी अभियान सन् 1977 में प्रारम्भ हुआ था। ताकि लोगों को समझ आ जाये कि वे इस बीमारी के बारे में गम्भीरतापूर्वक सोचें। 1 दिसम्बर को सयुंक्त राष्ट्र संघ ने 'विश्व एड्स दिवस' के रूप में मनाए जाने की घोषणा की।

सन् 1999 में भारत में राष्ट्रीय एड्स नियंत्रण कार्यक्रम 1425 करोड़ रुपये की राशि से प्रारम्भ किया गया था। इस परियोजना का दूसरा चरण 1999-2004 चल रहा है। इसके कार्यान्वयन की मुख्य जिम्मेदारी राज्य सरकारों की है। इसके तहत गैर-सरकारी संगठनों (N.G.O.) की सहायता भी ली जा सकती है।

इसमें सामुदायिक जागरूकता तथा यौन संचारी रोगों/जननांग संक्रमणों के उपचार हेतु प्रयास किये जाते हैं। चौकसी का दायरा विस्तृत और सुदृढ़ किया गया है। छात्रों के लिए

एक विशेष कार्यक्रम तैयार किया गया है, ताकि वे साथी के दबाव का प्रतिरोध कर सकें। प्राथमिक चरण में इसके दायरे में बीस हजार विद्यालयों को लिया गया है।

हम सभी लोगों का यह दायित्व बनता है कि एड्सग्रस्त व्यक्ति के साथ उपेक्षा का व्यवहार न करें। एड्स सामान्य छूत की बीमारी नहीं है। साधारण सम्पर्क, संक्रमित व्यक्ति को गले लगाने, उनके साथ उठने-बैठने या हाथ मिलाने से यह रोग नहीं फैलता। हम सभी लोगों को एड्स से पीड़ित व्यक्ति के मनोबल में वृद्धि करना चाहिए। यह एक जानलेवा रोग है। इसका अभी तक कोई उपचार नहीं उपलब्ध है। अतः बचाव हेतु इसके बारे में सम्पूर्ण जानकारी रखना आवश्यक है और इसका सबसे बड़ा उपचार है बचाव।

6

नशाखोरी एक अभिशाप

मादक पदार्थ एक नशीला पदार्थ है जिसका सेवन प्राचीन काल से चला आ रहा है। शोध एवं वस्तु-निर्माण की शक्ति से युक्त मानवों ने सभ्यता के विकास के साथ एक से बढ़कर एक उपयोगी चीजें खोज लीं, उपकरण बना लिये, वस्तुएँ निर्मित कर लीं। इस क्रम में उन्होंने मादक द्रव्य ढूँढ़ निकाले एवं उनका प्रयोग करना सीख लिया। भारत के प्राचीन ग्रंथों में 'सोम' और 'सुरा' की चर्चा इस तथ्य का साक्षी है कि वैदिक-पौराणिक कालीन भारतीय मादक द्रव्य से परिचित थे और विशेष अवसरों पर उसे व्यवहार में लाते थे।

सोमरस एक विशेष प्रकार की लता से बनाया जाता था। इसका सेवन उल्लास एवं उत्साह की वृद्धि करने वाला माना जाता था। यह नहीं कहा जा सकता कि सोमरस के पान को लेकर मुसीबतें नहीं आती थीं। बहुत बार इसको लेकर झगड़े हो जाते थे।

मादक द्रव्यों का सेवन मात्र भारत की ही समस्या नहीं है बल्कि वह वैश्विक समस्या है। किशोर एवं युवा वर्ग के व्यक्ति प्रायः मादक द्रव्य सेवन से दूर रहते थे किन्तु आज पश्चिमी देशों की तरह भारतीय किशोरों एवं युवाओं में भी यह आदत तेजी से फैल रही है। दुःख की बात यह है कि किशोर-किशोरी एवं युवक-युवती विशेष रूप से इसकी चपेट में आ रहे हैं। इस समस्या का सर्वाधिक प्रभाव महानगरों पर पड़ रहा है। मादक द्रव्य किसी विशेष वर्ग के लोग ही ले रहे हों, यह बात नहीं है। अमीर-गरीब, विद्यार्थी-अध्यापक, बेरोजगार-रोजगार, ग्रामीण-शहरी, शिक्षित-अशिक्षित, नर-नारी चिकित्सक आदि किसी भी वर्ग का व्यक्ति इसका शिकार हो सकता है।

आज 'ड्रग्स' शब्द का व्यवहार या प्रयोग सामान्य रूप से स्वापक, संवेदना मंदक मादक द्रव्य के अर्थ में ही किया जाता है। ऐसा कोई भी पदार्थ 'ड्रग' कहला सकता है, जो आहार की सीमा न होते हुए भी अपनी रासायनिक प्रकृति के कारण जीवों की क्रिया-प्रणाली की संरचना पर प्रभाव डालता है। वैज्ञानिक रूप से यह परिभाषा सही होते हुए भी व्यापक है, क्योंकि मादक द्रव्यों के अतिरिक्त ऐसे अनेक पदार्थ हैं जो आहार की सीमा में नहीं आते हैं तथापि उनका सेवन जैविक क्रिया प्रणाली की संरचना पर प्रभाव डाल सकता है।

मादक पदार्थ के विभिन्न रूप होते हैं जिसमें—स्वापक, उद्दीपक, शामक, विभ्रक उत्पादक प्रमुख है।

उक्त चारों मादक पदार्थों को प्रमुख दो वर्गों में वर्गीकृत किया जा सकता है जिसमें पहला सामान्य स्वापक शामक, उद्दीपन या संवेदना मंदक द्रव्य एवं गम्भीर समस्या उत्पन्न करने वाले मादक द्रव्य।

पहले वर्ग के अन्तर्गत 'निकोटिन', 'कैफीन' आदि को सम्मिलित कर सकते हैं। सिगरेट के 'निकोटिन' एवं कॉफी के 'कैफीन' भी हानिकारक हैं किन्तु इनका हानिकर प्रभाव असंयमित मात्रा में दीर्घकाल तक प्रयोग करने पर पड़ता है। सामान्य शराब 'अल्कोहल' के साथ भी किसी सीमा तक यही बात है, किन्तु यह सिगरेट के 'निकोटिन' एवं 'कॉफी' के 'कैफीन' से तुलनीय नहीं है क्योंकि इसमें व्यसनी बना देने एवं हानि पहुँचाने की क्षमता कहीं अधिक है। शराब का बार-बार उपयोग करने से मानव इसका अभ्यस्त होने लगता है। इसका अर्थ यह है कि साधारण रूप से ज्यादा खतरनाक न दिखलाई देने वाला पेय भी असंयमित अथवा दीर्घकाल तक सेवन करने से एक गम्भीर समस्या बन सकता है।

संवेदना मंदक मादक द्रव्य-के तहत मुख्यतः वे मादक द्रव्य आते हैं जो पोस्ते के पौधे से बनाये जाते हैं। अफीम, मॉरफीन, हेरोइन, स्मैक आदि इसका प्रमुख उदाहरण है। सामान्य तौर पर ये द्रव्य दर्द कम करने, निद्रालुता उत्पन्न करने, सुखबोध देने का काम करते हैं।

यदि प्रत्येक संवेदना मंदक पदार्थ एवं द्रव्य व्यक्ति को आदी बना देते हैं, परन्तु इनमें हेरोइन एवं स्मैक व्यसनी बना देने की अत्यधिक क्षमता रखते हैं। हेरोइन अफीम का अत्यधिक परिष्कृत रूप है। इसको लेने पर व्यक्ति एक विशिष्ट प्रकार के सुखबोध की स्थिति में चला जाता है और सामान्य होने पर बहुत अधिक कष्ट अनुभव करता है। किसी-किसी को भयंकर पीड़ा की अनुभूति होती है। इसके बाद भी व्यक्ति फिर इसे लेना चाहता है ताकि उसकी बेचैनी और पीड़ा दूर हो सकें। हेरोइन की आदत के शिकार लोगों की संख्या काफी अधिक है।

मादक द्रव्यों का सेवन व उपयोग की समस्या एक जानलेवा समस्या है जो दिनोंदिन बढ़ती ही जा रही है। सभी प्रकार के मादक द्रव्यों का प्रयोग छिपे तौर पर चलने लगा है। हेरोइन, मारफीन, कोकीन, गाँजा, हशीश आदि मादक द्रव्यों का प्रयोग तेजी से बढ़ रहा है। इनकी लत लग जाने पर व्यक्ति को कई प्रकार की परेशानियों का शिकार हो जाता है। जो लोग इनके व्यसनी हो जाते हैं उनके व्यवहार में आये परिवर्तन को देखकर आसानी से पहचाना जा सकता है। झूठ बोलने लगना, चोरी करना, व्यवहार में अनियमितता, किसी भी काम के लिए समय की पाबन्दी न रखना, शारीरिक स्वास्थ्य में क्रमशः गिरावट आना, चिड़चिड़ापन, अवसाद, लोगों से मुँह छिपाना आदि इसके प्रमुख लक्षण व पहचान हैं।

मादक द्रव्य सेवन की आदत विकसित हो जाने पर यह मानव के अस्तित्व की अनिवार्यता-सी बन जाती है। मादक द्रव्य-सेवन को केवल एक सामाजिक विकृति या रोग मानना उचित नहीं है क्योंकि जिस तरह की सामाजिक व्यवस्था में हम रह रहे हैं वह बुरी तरह से विषमता से ग्रस्त है। समाज में सबको समान रूप से सुख-सुविधा, स्वतन्त्रता, शिक्षा, स्वास्थ्य आदि का अधिकार प्राप्त नहीं है। परिणामतः सर्वत्र असंतोष ही असंतोष है। मादक द्रव्य सेवन की प्रवृत्ति को बढ़ने से बचाने के लिए जागरूकता का अपना महत्त्व है। जो लोग मादक द्रव्य सेवन नहीं कर रहे हैं, उन तक यह बात पहुँचाने की आवश्यकता है कि इसके सेवन से क्या समस्याएँ उत्पन्न होंगी एवं यह कितना खतरनाक है। इस सन्दर्भ में शीघ्र ही आवाज उठाने की आवश्यकता है।

7

मेरा गाँव या ग्राम्य जीवन

भारत को गाँवों का देश कहा जाता है। भारत में लगभग 60% लोग ग्रामीण जीवन व्यतीत करते हैं। ऐसे ही अनेक गाँवों में से एक मेरा गाँव भी है। यह शहर से 2 किलोमीटर दूर पावर हाउस के किनारे स्थित है। नगर की हलचल एवं कोलाहल से दूर मेरा गाँव स्वच्छ और सुन्दर वातावरण में उन्नति की ओर अग्रसर हो रहा है। गाँव में न तो ऊँची-ऊँची चिमनियों का धुआँ है और न ही लाउडस्पीकरों का शोर। खेतों की हरियाली, प्राकृतिक सौन्दर्य, गाँव के मन्दिर के अनोखे आकर्षण को देखकर लगभग हर ग्रामवासी मंत्रमुग्ध हो जाता है।

गाँवों में हमें कुछ वस्तुएँ ऐसी मिल जाती हैं जिनका शहर में मिलना सम्भव नहीं होता है। यदि मिलती भी हैं तो साफ सुथरी नहीं होती हैं। यहाँ साफ और बिना दवा लगा हुआ गेहूँ, गाय का शुद्ध दूध और घी, कुएँ का शुद्ध पानी इत्यादि ग्रामीण जीवन की ही देन है। गाँवों में शान्ति का वातावरण होता है जो अध्ययन के लिए वरदान है। गाँवों में बेईमानी, चोरी, लूट, कूटनीतिज्ञता, अनैतिकता, भ्रष्टाचार और हिंसा जैसी बुराइयाँ नहीं पायी जाती है। यहाँ के लोग शान्ति और भाई-चारे की भावना में पलते हैं। ग्रामीण जीवन पर भौतिकवाद का प्रभाव बिल्कुल नहीं पड़ता है।

ग्रामीण क्षेत्रों में प्राकृतिक वातावरण काफी आकर्षक होता है। फरवरी, मार्च में खेतों में सरसों के पीले-पीले फूल ऐसे लगते हैं जैसे सोने की परत बिछी हो। तालाब में चन्द्रमा का प्रतिबिम्ब ऐसा प्रतीत होता है जैसे किसी ने चाँदी बिखेर दी हो। हँसते-खेलते बादलों की छटा से कौन मोहित नहीं होता। बागों में कोयल की कूक इस मशीनी संगीत से लाखों गुना अच्छी है। लहलहाती हुई फसलों के खेत दिल को छू लेते हैं। गाय के गोबर से लिपे-पुते हुए मकानों पर तोरई और लौकी की बेलें हृदय को चुरा लेती हैं। ग्रामीण क्षेत्रों में अनेक संस्थाएँ चल रही हैं। गाँवों में गांधी आश्रम की शाखाएँ भी चल रही हैं जिसके अन्तर्गत अनेक महिलाओं को चर्खा चलाने का काम मिल गया है। इसके अलावा गाँवों में एक सहकारी बैंक की शाखा भी है। जो किसानों को खाद-बीज उपलब्ध कराती है। प्रत्येक ग्राम सभा में यहाँ एक पंचायतघर भी है जो स्थानीय झगड़ों को सुलझाने में महत्त्वपूर्ण योगदान देता है।

वर्तमान मशीनी युग में प्रत्येक गाँवों में ट्रैक्टर हैं जिसके द्वारा कृषि से सम्बन्धित विभिन्न कार्य का संचालन बड़ी सुगमतापूर्वक किया जा रहा है। पहले तो दो बैंलों को खेत में जोता जाता था, परन्तु नई सदी में यह नहीं है। हमारे पुराने गाँवों में ही पुराने युग की तरह इस नये युग में भी पंचायत बैठती है जो कि पूरे गाँव के फैसलों का निपटारा करती है। लगभग सभी ग्रामों का विद्युतीकरण हो चुका है जिससे सम्पूर्ण कार्य विद्युत् द्वारा ही सम्पन्न किया जा रहा है।

आज सभी गाँवों में एक प्राथमिक विद्यालय है जो गाँव के बच्चों को शिक्षा प्रदान करता है, परन्तु पिछले दो-तीन सालों में इस विद्यालय की स्थिति बहुत खराब हो गयी है। गाँव के बच्चे नगरों के स्कूलों में शिक्षा हेतु जाने लगे हैं। यहाँ के अध्यापक अपने कर्तव्यों को भूल गये हैं। वे निरन्तर गप-शप में अपना समय गँवाते हैं और शिक्षा देने के सम्बन्ध में शून्य हो गये हैं। मेरे जिले के उच्च अधिकारी भ्रष्ट हो गये हैं जो इस विद्यालय के निरीक्षण हेतु भी दर्शन नहीं देते हैं। गाँवों में अनेक कुरीतियाँ आज भी विद्यमान हैं। अंधविश्वास ने तो हमारे गाँव की प्रगति की टाँग ही पकड़ रखी है। पंचायत व्यवस्था में पक्षपात और भेदभाव अनेक साम्प्रदायिक दंगों को जन्म देते हैं। इस पक्षपात की नीति से गरीब मर रहा है और अमीर उनका खून चूस रहा है। सरकारी कर्मचारी भी गाँव के भोले-भाले किसानों को ठगने लगे हैं। हमारे किसान अभी भी निरक्षर हैं जो कृषि में वैज्ञानिक साधनों का प्रयोग नहीं कर सकते। पशुओं की चिकित्सा के लिए जो सरकारी कर्मचारी नियुक्त किये गये हैं, रिश्वत और भ्रष्टाचार के आदी हो गये हैं। चिकित्सा की कोई खास व्यवस्था नहीं है।

सरकार द्वारा ग्रामीणों का जीवन स्तर सुधारने के लिए अनेक कार्यक्रम चलाये जा रहे हैं। नवीं पंचवर्षीय योजना का मुख्य लक्ष्य गरीबी उन्मूलन है जो हमारे गाँवों में ही सबसे अधिक है। कृषि उत्पादन की वृद्धि हेतु भी अनेक योजनाएँ चलाई जा रही हैं। किसानों की शिक्षा हेतु प्रौढ़ शिक्षा योजनाएँ भी चलाई जा रही हैं। हम यह आशा करते हैं कि लगभग सभी ग्रामीणों का भविष्य उज्ज्वल होगा।

8

आधुनिक युग में खेलों का महत्त्व

आधुनिक युग में खेल प्रतियोगिता के प्रति लोगों के रुझान में वृद्धि होना राष्ट्र के स्वास्थ्य का स्वरूप तथा देशवासियों की समृद्धि का प्रतीक है। किन्तु आज तो हम खेलों के पीछे दीवाने बने हुए हैं। क्या यह भी स्वस्थ परंपरा का प्रतीक हैं, यह विचारणीय है। यह सत्य है कि बिना उत्तम भोजन के मनुष्य स्वस्थ और बलवान नहीं रह सकता। यह भी सत्य है कि उत्तम भोजन के साथ यदि मनुष्य खेलों में दिलचस्पी न ले तो वह स्वस्थ नहीं रह सकता। इसलिए खेलों का नियमित अभ्यास करना उतना ही आवश्यक है, जितना कि संतुलित भोजन का। भारत में व्यायाम एवं खेलों की परंपरा बहुत प्राचीन है और उस परंपरा की रक्षा आज भी किसी न किसी रूप में की जा रही है।

भारत आज भी किसी हॉकी, क्रिकेट, कुश्ती, फुटबाल, बैडमिन्टन, टेनिस आदि खेलों में काफी रुचि ले रहा है। यों तो जीवन की सफलता के लिए शारीरिक, मानसिक और आत्मिक शक्तियों में से कोई भी एक शक्ति किसी से कम महत्त्वपूर्ण नहीं हैं, लेकिन शारीरिक शक्ति के विकास के लिए हम कोई न कोई शारीरिक काम किया करते हैं। शरीर को पूर्ण रूप से स्वस्थ, प्रसन्न और चुस्त बनाने के लिए कई प्रकार के शारीरिक कार्य करते हैं।

दिन में कार्य करना भी दैनिक शक्ति के विकास के मुख्य रूप हैं। शरीर को पूर्ण रूप से स्वस्थ और नीरोग रखने के लिए खेलकूद का महत्त्व बहुत अधिक है। बिना खेलकूद के जीवन अधूरा रह जाता है। कहा भी गया है कि सारे दिन काम करना खेलना स्वास्थ्य के लिए आवश्यक है होशियार को मूर्ख बना देता है। भावात्मक एकता राष्ट्र के सांस्कृतिक मानस को ही पल्लवित करने में लगी हुई है।

भारत जैसे महान देश की परम्पराएँ, आस्थाएँ जीवन मूल्य सभी कुछ हमारी राष्ट्रीयता के ही पोषक हैं। पर्व, तिथि, त्योहार की मान्यताएँ यद्यपि अलग-अलग हैं फिर भी सबसे एकता और सर्वसमन्वय का ही भाव प्रकट होता है। यही कारण है कि एक जाति के लोग दूसरी जाति के तिथि, पर्व, त्योहारों में शरीक होकर आत्मीयता की भावना को दर्शाते हैं।

भारत एक बहुधर्मी देश है अर्थात् यहाँ पर विभिन्न धर्मों के प्रति आस्था एवं विश्वास की भावना हमारी जातीय वर्ग को व्यक्त करते हैं। अतएव धर्मों के मूल में कोई भेद नहीं है। यही कारण है कि हमारे देश में न केवल राष्ट्रीयता के पोषक, विभिन्न प्रकार के धर्मों को अपनाने की पूरी छूट हमारे संविधान ने दे दी हैं, अपितु संविधान की इस छूट के कारण ही भारत के धर्मनिरपेक्ष राष्ट्र की संज्ञा दे दी। इसका यह भी अर्थ है कि यहाँ का कोई धर्म किसी दूसरे धर्म में हस्तक्षेप नहीं कर सकता।

भारत की एकता की सबसे बड़ी बाधा थी–ऊँचे-ऊँचे पर्वत, बड़ी-बड़ी नदियाँ, देश का विशाल क्षेत्रफल आदि। जनता इन्हें पार करने में असफल रहती थी। इससे वे एक दूसरे से सम्पर्क नहीं कर पाते थे। आज की वैज्ञानिक सुविधाओं के कारण अब वह बाधा समाप्त हो गयी है। देश के सभी भाग एक दूसरे से जुड़े हुए हैं। इस प्रकार हमारी एकता बनी हुई है। प्रशासनिक संबद्धता राष्ट्रीय एकता व अखण्डता का आधार-स्तम्भ है। हमारे देश का प्रशासन एक है। हमारा संविधान एक है और हम दिल्ली में बैठे-बैठे ही पूरे देश पर शासन एक समान करने में समर्थ हैं।

9

भारतीय किसान

भारत कृषि प्रधान देश है। यहाँ की अर्थव्यवस्था कृषि पर निर्भर है। भारत वर्ष का हृदय गाँवों में रहता है और यहाँ के किसान उसकी जान हैं। अर्थात् भारत का हृदय गाँव है और भारतीय किसान इसमें बसने वाले प्राण। यदि किसी शरीर से प्राण निकाल दिया जाये तो शायद किसी भी शरीर का अस्तित्व सम्भव नहीं है। किसान की भूमिका प्रत्येक देश की आर्थिक और राजनैतिक क्षेत्र में बहुत ही महत्त्वपूर्ण होती है। भारतीय किसान अधिक परिश्रमशील और प्रयत्नशील है। भारतीय किसान अपने तन की चिन्ता न करते हुए सर्दी-गर्मी सभी ऋतुओं में कठोर मेहनत करके अन्न पैदा करता है और दूसरों को अनाज देकर उनकी भूख शान्त करता है।

भारतीय किसान काफी मेहनती होता है। वह सुबह 4 बजे उठ जाता है और तभी से अपने जानवरों को चारा-पानी कराने लगता है। इसके बाद वह खेतों में हल ले जाता है। दोपहर में वह किसी वृक्ष की छाँव में ही सो जाता है। शाम को वह घर आकर रूखी-सूखी खाकर अपने टूटे-फूटे मकान व झोपड़े में सो जाता है।

भारतीय किसान आर्थिक एवं राजनीतिक क्षेत्रों में महत्त्वपूर्ण योगदान देते हैं तथापि भारतीय किसान की स्थिति दयनीय है। भारतीय किसानों की आर्थिक स्थिति अत्यन्त शोचनीय है। वह आज भी महाजनों की मुट्ठी में जकड़ा हुआ है। भारतीय किसान ऋण में पैदा होता है, जिन्दगी भर कर्ज की भरपाई करता रहता है और अन्त में ऋण में ही मर जाता है। धन के अभाव में भारतीय किसान अच्छे बीज, खाद और कृषि-यन्त्र प्रयोग नहीं कर पाता है। प्राकृतिक प्रकोपों से भारतीय किसानों की स्थिति और खराब हो जाती है। भारतीय किसानों के पास न तो अच्छे वस्त्र हैं, न भोजन, और न ही मकान।

किसान शिक्षित नहीं है जिसके कारण भारतीय किसान अच्छे और वैज्ञानिक खाद-बीज एवं कृषि-यन्त्र के प्रयोग से वंचित रह जाते हैं। अन्धविश्वास, धर्मान्धता उन्हें बचपन से ही घेर लेते हैं। वे भूत-प्रेत के चक्कर में अनेक बार भयंकर बीमारियों से ग्रस्त होकर मौत के शिकार हो जाते हैं।

भारतीय किसानों की स्थिति सुधारने हेतु भारत सरकार ने कई महत्त्वपूर्ण कार्य किये हैं। प्रौढ़-शिक्षा के अनेक केन्द्र खोले गये हैं। अनेक रोजगार के कार्यक्रम चलाये गये हैं जिससे बेरोजगारी की समस्या भी हल हो रही है। अनेक राष्ट्रीयकृत बैंकों द्वारा भारतीय किसानों को कम ब्याज पर ऋण दिये जा रहे हैं। पशुओं की चिकित्सा हेतु अस्पताल भी खोले जा रहे हैं और उनकी फसल का अच्छा मूल्य देने के लिए गाँवों में सड़कों का निर्माण भी कराया गया है। संक्षेप में, हमारी सरकार इस ओर सक्रिय योगदान दे रही है। सम्भावना है कि आने वाले दिनों में यहाँ के कृषकों की स्थिति और अच्छी हो जायेगी।

10

सहशिक्षा

छात्र-छात्राओं को एक साथ पढ़ने को सहशिक्षा के नाम से जाना जाता है। भारत में सहशिक्षा का विचार पश्चिम से आया। पहले भारत में लड़के-लड़कियों के लिए अलग शिक्षा व्यवस्था होती थी। दोनों के लिए या तो अलग विद्यालय अथवा एक ही विद्यालय में अलग-अलग समय होते थे।

स्वामी दयानंद ने भी दोनों की शिक्षा संस्थाएँ अलग-अलग बनाने का विचार दिया था। सहशिक्षा में कई दोष हैं जैसे कच्ची उम्र में साथ-साथ पढ़ने से लड़के-लड़कियों में आपसी आकर्षण पढ़ाई में बाधा ला सकता है या उन्हें गलत मार्ग पर डाल सकता है। पढ़ाई की बजाय आपसी सम्बन्धों में रुचि ज़्यादा बढ़ जाती है। पढ़ाई से मन भटकने लगता है तथा इन्हीं बेतुकी बातों में ध्यान लगने लगता है जो कई बार गलत कदम उठाने को भी मजबूर कर देता है।

शैक्षिक संस्थानों में छात्र-छात्राओं से छेड़-छाड़ की घटनाओं में वृद्धि हो रही है। वातावरण दूषित हो जाता है। आजकल दूरदर्शन ने भी पारिवारिक एवं स्त्री-पुरुष सम्बन्धों को खुल कर उजागर किया है। चुम्बन दृश्य, नग्न दृश्य भी खुलेआम बच्चों को देखने को मिलते हैं पर शायद सेंसरबोर्ड को यह सब नज़र नहीं आते। कंडोम आदि के विज्ञापन भी बच्चों के दिमाग पर विपरीत प्रभाव छोड़ते हैं जिसका सीधा प्रभाव लड़के-लड़कियों पर होता है।

लेकिन हम कह सकते हैं कि जिस तरह एक सिक्के के दो पहलू होते हैं उसी तरह हानि के साथ-साथ लाभ भी होते हैं। सहशिक्षा से लड़के-लड़कियों के बीच की समानता का भाव बढ़ता है। साथ पढ़ने से आपसी स्पर्धा होती है जो एक स्वस्थ प्रगति की देन है। सब एक-दूसरे नज़रों में ऊँचा उठने के लिए परिश्रम करते हैं।

माता-पिता के दो बच्चों को यानी लड़का-लड़की को पृथक्-पृथक् पढ़ाने में धन के खर्च में बढ़ोत्तरी होती है तथा सह शिक्षा से धन की भी बचत होती है। अलग-अलग विद्यालय होने से लड़के-लड़कियों में आपसी आकर्षण बढ़ जाता है। दूरी में सदैव आकर्षण होता है तथा निकटता में आकर्षण कम हो जाता है।

एक-दूसरे से बातचीत करने की, साथ बैठने की इच्छा बलवती होती है क्योंकि लड़के-लड़कियों के बीच आकर्षण एक प्राकृतिक सत्य है। सहशिक्षा से स्वच्छ चरित्र का विकास होता है। दोनों का संतुलित विकास होता है। अतः अनुशासन एवं सावधानीपूर्वक सहशिक्षा को ही अपनाना चाहिए। वर्तमान खुले माहौल में हमें अपने बच्चों की समझ को जागृत करना चाहिए उन्हें इस रिश्ते से अनभिज्ञ नहीं रखना चाहिए तथा उम्र के साथ-साथ आवश्यक बातें ज़रूर बतानी चाहिए। दूरी रखने से समस्या का निराकरण नहीं होता है।

11

छात्र एवं अनुशासन

छात्र राष्ट्र के कर्णधार हैं। छात्र ही भविष्य में देश के उत्तम नागरिक, नेता, वैज्ञानिक, वकील आदि बनते हैं। राष्ट्र का सम्पूर्ण विकास छात्र पर आधारित है। यदि छात्र जाति, समुदाय तथा राष्ट्र का निर्माणकर्ता है। तो इनका चरित्र विशिष्ट होना अति आवश्यक है। उत्तम चरित्र अनुशासन से बनता है। अनु+शासन, इन शब्दों के मेल से अनुशासन शब्द बना है। इसमें से 'अनु' उपसर्ग का अर्थ है पीछे या बाद में, शासन का अर्थ नियम, कानून आदि। इस प्रकार अनुशासन का नियमित अर्थ शासन करना और नियम पालन करना।

विद्यालय के द्वारा बनाये गये सम्पूर्ण नियमों का पालन जब छात्र अपनी इच्छा से करता है तो तब उसे उत्तम अनुशासित विद्यार्थी कहा जाता है। विद्यार्थियों के लिए अनुशासन को पालन करना प्रत्येक स्थान पर आवश्यक है। जैसे-विद्यालय, खेल का मैदान, बाजार, घर, सड़कें इत्यादि। संक्षेप में हम कह सकते हैं कि विद्यार्थी के लिए अनुशासन का पालन करना आवश्यक है। अनुशासनहीन विद्यार्थी व्यवस्थित नहीं रह सकता और न उत्तम शिक्षा ग्रहण कर सकता है। अनुशासन थोपा नहीं जा सकता, अनुशासन मन से होता है।

विज्ञापन मानवीय जीवन में प्रायः सम्पूर्ण हिस्सों को प्रभाव में लाने की शक्ति रखता है। प्रकृति भी अनुशासित रहती है। सूर्य, चन्द्रमा, तारे भी नियमित रूप से उदय और अस्त होते हैं। प्रकृति जब नियम के प्रतिकूल हो जाती है तभी दैविक आपदायें, बाढ़, भूकम्प, महामारी जैसी स्थितियाँ उत्पन्न होती है। फिर अनुशासनहीन मानव का तो कहना ही क्या! अतः व्यवस्थित जीवन बिताने के लिए विद्यार्थी ही नहीं प्रत्येक मनुष्य के लिए अनुशासन अतिमहत्त्वपूर्ण है। अनुशासन के बिना विद्यार्थी कुछ नहीं कर सकता। अनुशासन विद्यार्थी की आधारशिला है। अनुशासनहीनता उत्पन्न हो जाने पर अध्ययन-अध्यापन सुव्यवस्थित ढंग से नहीं हो सकता। विद्यालय में अनुशासन का अर्थ है—विद्यार्थियों व अध्यापकों द्वारा विद्यालय के नियमों का भली-भाँति पालन करना। जिस विद्यालय में अनुशासनहीनता के कारण आये दिन विद्यार्थियों के झगड़ें तथा हड़तालें होती रहती हैं, उस विद्यालय की प्रगति कभी नहीं हो सकती। विद्यार्थी विद्यालय में आकर अच्छे बनने के स्थान पर अपराधी हो जाते हैं। वर्तमान समय में विद्यालय ही नहीं सर्वत्र अनुशासनहीनता फैली हुई है। इसके प्रमुख कारण विद्यार्थी

और विद्यालय ही हैं। छात्र जिस प्रकार की शिक्षा ग्रहण करेगा, वयस्क होने और देश का नागरिक बनने पर वह उसी प्रकार व्यवहार करेगा। आजकल का विद्यार्थी अपने गुरुजनों का आदर नहीं करता, इसमें केवल दोष विद्यार्थी का ही नहीं, अपितु दोष भी है उन अध्यापकों का उसे जिन्होंने शिक्षा दी है।

अनुशासनहीनता के विभिन्न कारण हैं। बालक विद्यालय जाने से पूर्व उसका सम्पूर्ण समय अपने माता-पिता एवं संरक्षकों के साथ बिताता है। बालक का प्रथम शिक्षालय उसका घर होता है और प्रथम शिक्षक और शिक्षिका उसके माता-पिता होते हैं। प्रारम्भिक, व्यावहारिक शिक्षा बालक माता-पिता से ग्रहण करता है। माता-पिता के पास आज के युग में बालक को देखने का समय ही कहाँ है। जब घर में बालक की उपेक्षा की जाती है तो बालक का रुख घर के प्रति अच्छा नहीं रहता। अधिकांशतया यह देखने में आता है कि या तो बालक को अधिक प्यार दिया जाता है अथवा उपेक्षित रहता है, जिससे प्रारम्भ से ही उसका सन्तुलन बिगड़ जाता है। इसी प्रकार तीन वर्ष की आयु के पश्चात् अभिभावक अपने बच्चों का विद्यालय में प्रवेश कराकर ऐसे छोड़ देते हैं, जैसे अपना एक बोझ उतार दिया हो। केवल विद्यालय ही विद्यार्थी को अनुशासित नहीं रख सकता। विद्यार्थी को अनुशासित बनाने के लिए अभिभावक द्वारा बच्चे के विकास का समुचित देखरेख आवश्यक है। अभिभावक की अनदेखी करने के कारण विद्यार्थी अनुशासनहीन हो जाते हैं।

स्वतन्त्रता के पश्चात् समाज में बहुत परिवर्तन आया है। समाज में भ्रष्टाचार, बेईमानी, विलासिता, अश्लीलता, स्वार्थपरता दिन-प्रतिदिन बढ़ती जा रही है। विद्यालय के पश्चात् विद्यार्थी समाज में रहता है। इन दोषों से विद्यार्थी प्रभावित होता है, और अनुशासनहीनता की ओर अग्रसर होता है। जो विद्यार्थी जीवन में अनुशासन का पालन करते हैं, वे अच्छे माने जाते हैं और वे सम्मान के अधिकारी होते हैं।

आज के दौर में सम्पूर्ण वर्ग अपनी शक्ति को विकसित करने के लिए छात्र का ही मदद ले रहे हैं। विशेषकर राजनैतिक दल के नेता अपनी स्वार्थपूर्ति के लिए विद्यार्थी को ही लक्ष्य बनाते हैं। उन्हें नकली-छात्रवृत्तियों एवं नौकरी के झूठे लालच देकर राजनीति में फँसा लेते हैं, इससे विद्यार्थी अनुशासनहीन ही नहीं होते, बड़े-से-बड़े अपराधी बनकर दलों के लिए कार्य करते हैं। इन प्रलोभनों के कारण विद्यार्थी अपने मार्ग से भटक जाते हैं और छात्र यूनियन के नाम पर माता-पिता के धन का दुरुपयोग करते हैं।

वर्तमान शिक्षा जगत् में राजनीतिज्ञों का बोलबाला होने से ही शिक्षा में भ्रष्टाचार, भाई-भतीजावाद, जातिवाद, सम्प्रदायवाद आदि प्रवेश कर गये हैं। दलगत राजनीति विद्यालय में शिक्षण सुचारु रूप से नहीं होने देता। अनुशासनहीनता को प्रमुख कारण सुविधाओं का अभाव, अध्ययन सामग्री की अपूर्णता और घूसखोरी है। विद्यालयों में इन्हीं कारणों से अच्छे शिक्षकों की जगह अयोग्य शिक्षकों की भर्ती होती है। ऐसे अध्यापक धन देकर अथवा आरक्षण के कारण स्थान तो पा जाते हैं, किन्तु विद्यार्थियों का शोषण करते

हैं। कक्षा में न पढ़ाना, ट्यूशन के लिए प्रेरित करना साधारण-सी बात है। ऐसे अध्यापक से विद्यार्थियों का रुख भी ठीक नहीं रहता। इसीलिए छात्रों में अनुशासनहीनता पनपती है।

अनुशासन की उपयोगिता व महत्त्व सिर्फ विद्यार्थियों के लिए ही नहीं बल्कि सम्पूर्ण मानव समुदाय के लिए है। छात्रों हेतु विशेषकर इसका महत्त्व इसलिए भी है कि आज का विद्यार्थी कल का नागरिक है। देश का भविष्य सदैव विद्यार्थियों पर ही निर्भर रहता है। अनुशासन के अभाव में विद्यार्थियों का जीवन तो व्यर्थ हो जाता ही है, बल्कि सम्पूर्ण जीवन की रूपरेखा ही बिगड़ जाती है। अनुशासहीन विद्यार्थियों को तभी छुटकारा मिल सकता है, जब उनको सही मार्गदर्शन और नेतृत्व मिले और फिर उन्हें शिक्षा से जोड़कर उसे उद्देश्यों और अनुशासन का ज्ञान कराया जाये, और उनके आस-पास अनुशासन और उद्देश्यों का पूरा वातावरण रखा जायें तभी छात्रों का हित हो सकता है।

12

विद्यार्थी जीवन

विद्यार्थी दो शब्दों विद्या + अर्थी से मिलकर बना है। अतः विद्यार्थी का अर्थ है विद्या की तीव्र इच्छा रखना। ज्ञान मनुष्य के जीवन में महत्त्वपूर्ण भूमिका निभाता है। बिना विद्याज्ञान के मनुष्य पशु के समान जीवन व्यतीत करता है। ज्ञान ही वह जादू की छड़ी है जिससे वह मनुष्य बन जाता है। जब ज्ञान इतना ही महत्त्वपूर्ण है तो उसे प्राप्त करने का समय भी उतना ही महत्त्वपूर्ण है। ऐसे ही समय को जिसमें जीवन को सार्थक बनाने हेतु विद्या ली जाती है, विद्यार्थी जीवन कहा जाता है। मनु महाराज जी ने भी मनुष्य के जीवन को चार भागों में विभाजित किया है जिसमें से एक भाग विद्यार्थी जीवन का है मनु ने इस जीवन को सबसे अधिक महत्त्वपूर्ण माना है।

मानव जीवन का एक विशिष्ट हिस्सा विद्यार्थी जीवन है। हमारा भविष्य विद्यार्थी जीवन की उपलब्धियों के ही सहारे टिका है। ऐसे महत्त्वपूर्ण समय का सदुपयोग करना ही बुद्धिमानी है। ऐसे समय में व्यक्ति सांसारिक विवादों से बहुत दूर होता है। उसे भोजन, वस्त्र एवं मकान किसी प्रकार की चिन्ता नहीं होती है। यह समय समस्त इन्द्रियों के विकास का समय होता है। इसलिए व्यक्ति को बड़ी सावधानी से अपने ज्ञान की पूजा में समय अर्पण करना चाहिए।

विद्यार्थी जीवन का सभी व्यक्तियों के जीवन में एक विशेष महत्त्व है। इसलिए इसमें अनेक उद्देश्य होना स्वाभाविक है। कुछ लोग विद्यार्थी जीवन का उद्देश्य मात्र ज्ञान प्राप्त करना समझते हैं। परन्तु ऐसा नहीं है। इस जीवन में चरित्र निर्माण, शारीरिक और मानसिक उन्नति, सद्गुणों का विकास इत्यादि उद्देश्य है। जबकि विद्यार्थी का मुख्य उद्देश्य, पुस्तकीय ज्ञान प्राप्त करना, सोचने-समझने और सही निर्णय लेने की शक्ति का करना। राष्ट्रपिता महात्मा गांधी ने इस बात पर भी जोर दिया था कि विद्यार्थियों को ज्ञान प्राप्त कर लेने के पश्चात् गाँवों में जाकर ऐसे व्यक्तियों को जो अज्ञानी हैं, शिक्षा प्रदान करनी चाहिए।

विद्यार्थी जीवन में ही व्यक्ति के चरित्र का निर्माण होता है। चरित्र व्यक्ति के जीवन में एक अमूल्य वस्तु है। इसके अभाव में व्यक्ति मान-सम्मान खो देता है। अच्छे चरित्र से सद्गुणों का विकास होता है जैसे—दया, विनय, सदाचार, बड़ों के लिए आदर इत्यादि,

चरित्र निर्माण के लिए विद्यार्थियों को आत्मसंयमी होना चाहिए तथा मादक पदार्थों से सदैव दूर रहना चाहिए। अच्छी संगति से भी चरित्र निर्माण होता है। इसके चरित्र के निर्माण में गुरुओं का मुख्य हाथ होता है। इसके लिए आवश्यक है कि शिक्षा-दीक्षा अच्छे और स्वच्छ वातावरण में होनी चाहिए। विद्यार्थी जीवन में यदि विद्यार्थी समय के अनुसार सारे कार्य करता है तो वह एक कसौटी पर खरा उतर सकता है। यदि वह समय पर उठना, समय पर खाना, समय पर सोना, समय पर खेलना आदि सभी कार्य समय से पूरा कर लेता है तो उसको जीवन के प्रत्येक कार्य में सफलता मिलेगी।

वैदिक बौद्धिक विकास विद्यार्थी जीवन में होता है। स्वस्थ शरीर व मन में स्वस्थ मस्तिष्क का विकास होता है। ऐसे समय में अभिभावकों को बालकों के शरीर के शारीरिक एवं मानसिक विकास की प्रवृत्तियों का ध्यान रखना आवश्यक है।

विद्यार्थी जीवन, जीवन को सार्थक बना सकता है। यदि किसी विद्यार्थी ने परिश्रम और लगन से सरस्वती माँ की सेवा की तो निश्चय ही उसका जीवन सुखी और आनन्दमयी होगा।

13

परीक्षा की तैयारी

परीक्षा किसी भी व्यक्ति के ज्ञान का परिचय देती है। परीक्षा से ही हम किसी व्यक्ति के विवेक व गुणों को पता लगा पाते हैं। प्रत्येक शिक्षा का नये परीक्षण द्वारा ही परीक्षा की जाती है। परीक्षण के बिना कोई वस्तु प्रयोग में नहीं लायी जाती, अन्यथा वस्तु का महत्त्व नहीं जाना जा सकता और न ही उसका परिणाम जाना जा सकता है। बिना परिणाम के उसके लाभ और हानि का विश्लेषण नहीं किनाला जा सकता। इसलिए वस्तु को प्रयोग में लाने से पूर्व परीक्षण किया जाता हैं। यही बात प्रत्येक परीक्षा पर लागू होती है। बिना परीक्षा के किसी भी शिक्षा का मूल्यांकन नहीं किया जा सकता और न उसका स्तर ज्ञात किया जा सकता है। परीक्षा के द्वारा ही शिक्षा का वास्तविक मूल्यांकन होता है।

लगभग सभी छात्र परीक्षा को अत्यधिक कठिन मानकर डरते हैं और वह मन ही मन में यह विचार करते है कि परीक्षा नज़दीक आ रही है अब क्या होगा? विद्यार्थी परीक्षा के लिए ही अध्ययन करता है।

परिश्रम करने के बाद भी छात्र परेशान रहते हैं पर यह बात प्रत्येक छात्र पर लागू नहीं होती। जो छात्र नियमित रूप से अध्ययन करते हैं, उनके सामने यह समस्या नहीं होती। सत्र के प्रारम्भ से ही वे समय निकालकर अध्ययन करते हैं, उन्हें परीक्षा भयभीत नहीं करती है और वे परीक्षा अच्छे अंकों के साथ उत्तीर्ण करते हैं।

कुछ छात्र ऐसे भी होते हैं जो सिर्फ पुस्तक लेकर बैठे रहते हैं। उनका मन कहीं और विचरण करता है। केवल पुस्तकें खोलकर पाठ पढ़ने का बहाना बनाने से परीक्षा उत्तीर्ण नहीं की जा सकती। इस प्रकार के छात्र अपने को धोखा देते हैं। केवल स्कूली परीक्षा में ही नहीं, ऐसे छात्र किसी भी प्रकार की परीक्षा में सफल नहीं हो सकते। जो तैयारी नहीं कर पाते वे या तो परीक्षा ही नहीं देते, यदि देते भी हैं तो असफल हो जाते हैं। परीक्षा भय की वस्तु नहीं है। परीक्षा से हमें बिल्कुल डरना नहीं चाहिए बल्कि हमें उसके लिए खूब मेहनत करना चाहिए। यदि हम ऐसा करते हैं तो परीक्षा में हम अवश्य ही सफल होंगे।

परीक्षा की तैयारी एक महत्त्वपूर्ण प्रश्न है। प्रत्येक कक्षा का पाठ्यक्रम कक्षा के स्तर के अनुसार ही बोर्ड अथवा विश्वविद्यालय बनाता है। प्रवेश कक्षा से ही परीक्षा प्रारम्भ हो जाती है। शिक्षक प्रारम्भ से ही छात्र को परीक्षा हेतु शिक्षा देता है। छात्र को चाहिए कि

नित्य पढ़ाये गये पाठ को याद करता जाये। ज्यों-ज्यों पाठ्यक्रम पढ़ाया जाये अगला पाठ याद करने के साथ-साथ पिछला पाठ भी समय-समय पर दोहराता जाये, जिससे कि पिछला पाठ भूलने न पाये। कक्षा में पाठ को ध्यानपूर्वक सुने, घर पर इसका अध्ययन कर स्मरण करे। विद्यार्थी के समय का ज्यादा हिस्सा घर या छात्रावास में बीतता है। छात्र को चाहिए कि नित्य प्रातःकाल उठकर शौच आदि करके विद्यालय जाने से पूर्व तक पढ़ाया गया पाठ स्मरण करे और पढ़ाये जाने वाला पाठ पढ़कर जाये। इस प्रकार के अध्ययन करने वाले छात्र को पढ़ाया गया पाठ शीघ्र समझ आता है और निरन्तर पाठ याद करते रहने से बोझ नहीं होता। जो छात्र ऐसा नहीं करते वे सुचारु रूप से अध्ययन नहीं करते और धीरे-धीरे बहुत प्रश्न स्मरण करने को एकत्र हो जाते हैं, ऐसा छात्र सोचता है, अब कैसे याद करें, बस वह परीक्षा का समय आने तक घबराने लगता है। जिससे वह परीक्षा में भाग नहीं लेता है यदि लेता भी है तो उसके पेपर अच्छे नहीं होते।

अतः सभी छात्रों को प्रारम्भ से ही समय सारणी बनाकर पढ़ना चाहिए। परीक्षा आने से पूर्व प्रत्येक विषय को क्रमशः दोहराता जाये जिससे कि विषय भली-भाँति याद हो जाये। इसके पश्चात् समय-समय पर लिखकर देखता जाये। जहाँ भूल जाये उसे पुनः स्मरण कर अभ्यास करता जाये। इस प्रकार के अभ्यास से परीक्षा में लिखने की तैयारी भी हो जाती है, और पाठ भी याद हो जाता है। लिखते समय प्रश्न सन्तुलन का भी ध्यान रखना चाहिए जिससे समय से सभी प्रश्नों का समुचित उत्तर दिया जा सके। अधिकांश छात्र यह करते हैं कि प्रश्नों का उत्तर सन्तुलित नहीं दे पाते, कुछ प्रश्नों का उत्तर इतना बड़ा कर देते हैं कि बचे हुए प्रश्नों हेतु समय ही नहीं रह पाता है।

अतः सभी छात्रों को परीक्षा से सम्बन्धित उक्त सभी तथ्यों का ध्यान रखना चाहिए इन सभी बातों से परीक्षा बहुत सरल हो जाती है। जो छात्र तैयारी प्रारम्भ से करते हैं, वे परीक्षा देने के लिए प्रतीक्षा करते हैं कि परीक्षा का समय चक्र जल्दी आ जाये। जैसे ही परीक्षा का समय आता है, वे मन में फूले नही समाते कि अब मैं परीक्षा दूँगा, उत्तीर्ण होकर अग्रिम कक्षा में प्रवेश लूँगा। इसके विपरीत जो छात्र अध्ययन नहीं करते उन्हें परीक्षा से भय लगता है, असफल हो जाते हैं और अपना जीवन कष्ट में डाल देते हैं। अतः ऊपर बताये गये नियमों के अनुसार परीक्षा की तैयारी करनी चाहिए। परीक्षा चाहे पाठ्यक्रम सम्बन्धी हो अथवा प्रतियोगी परीक्षा हो, सभी की तैयारी एक समान की जाती है। परीक्षा से भयभीत नहीं होना चाहिए।

14

विद्यालय और नैतिक शिक्षा

समाज में रहते हुए मनुष्य को कई मर्यादाओं का पालन करना पड़ता है। व्यक्ति को सदाचार की शिक्षा समाज के माध्यम से ही मिलती है। सत्य बोलना, अहिंसा का पालन करना, दूसरों की भलाई करना, विनम्रता से बोलना सदाचार के प्रमुख लक्षण हैं। इन विशेषताओं से युक्त व्यक्ति अपनी इन्द्रियों को जीत लेता है। इसी से समाज में व्यवस्था बनी रह सकती है।

चरित्र मनुष्य की सबसे बड़ी सम्पति है। धन तो आता-जाता है, किन्तु चरित्र व्यक्ति की स्थायी सम्पत्ति है। उत्तम चरित्र आचरण से बनता है। आचरण में सत्य का पालन करना बहुत जरूरी है। उत्तम आचरण के सामने किसी वस्तु का मूल्य नहीं। सदाचार अथवा उत्तम आचरण में सुख समाहित है। आशा और विश्वास जीवन की दो प्रमुख सीढ़ियाँ हैं। इस प्रकार के व्यक्ति के लिए कोई वस्तु प्राप्त करना कठिन नहीं है। इसके बिना जीवन मूल्यहीन है।

चरित्रवान व्यक्ति हर काम कर सकता है आचरणहीन व्यक्ति के लिए छोटा कार्य करना भी कठिन हो जाता है। दुराचरण वाले व्यक्ति को सर्वत्र नीचा देखना पड़ता है। उसका मन सदैव गलत कार्यों में ही लगा रहता है। उसे किसी काम में सुख नहीं मिलता।

प्रश्न उठता है नैतिक शिक्षा कैसे प्राप्त करें? सभी जानते हैं कि बालक नैतिक शिक्षा का पाठ सर्वप्रथम घर में सीखता है। घर प्रथम पाठशाला है। अच्छे माता-पिता बालकों पर दुराचरण, झूठ की छाप प्रारम्भ से ही नहीं पड़ने देते। इसके पश्चात् बालक विद्यालय में जाता है। विद्यालय में बालक के चरित्र का निर्माण प्रारम्भ होता है। विद्यालय के वातावरण का प्रभाव बालकों पर सीधा पड़ता है। अतः विद्यालय में उत्तम शिक्षा का प्रबन्ध होना चाहिए। विद्यालय में नैतिक शिक्षा का पाठ अवश्य पढ़ाना चाहिए– सदा सच बोलो, परोपकारी बनो, विश्वासपात्र बनो, वफादारी सीखो, साहसी बनो आदि बातें तो गुरुजन सामान्य रूप से सिखाते ही हैं साथ में अन्य अच्छे आचरण की बातें सिखाई जाती हैं। पाठ्यक्रम में निर्धारित आत्म-कथायें, महापुरुषों के चरित्र, रामायण, गीता, कुरान की आयतें, बाइबिल, त्रिपटिक आदि में चरित्र बनाने के कई उदाहरण मिलते हैं।

विद्यालय में अध्यापकों से प्रेरित होकर छात्र अच्छे कार्य करता है। जैसे कहते हो वैसा विश्वासपूर्वक करो तो कभी असफल नहीं होंगे। छल, प्रपंच, द्वेष, घृणा क्रोध, भय, कामुकता, अहंकार, कुसंगति आदि से व्यक्ति को दूर रहना चाहिए। जो व्यक्ति सदा सच बोलता है, परोपकार करता है, दान-पुण्य करता है, नियम से चलता है, इन्द्रिय निग्रह करता है उसका आचरण गलत हो ही नहीं सकता। अथवा हम कह सकते हैं कि सदाचारी के सामने गलत व्यक्ति खड़ा नहीं हो सकता। व्यक्ति चाहे कितना भी ज्ञानवान हो और आचरण अच्छा नहीं हो तो वह सफल नहीं हो सकता। उदाहरण के लिए हम रावण को लेते हैं। रावण महान् विद्वान था किन्तु आचरण अच्छा न होने के कारण अपना ही नहीं सम्पूर्ण राक्षस जाति को ही नष्ट कर दिया। अतः चरित्रहीन व्यक्ति की कोई कीमत नहीं है।

नैतिक छात्र ही सफल होकर देश का अच्छा नागरिक बनता है। अतः नैतिकता अति महत्त्वपूर्ण है। आज मनुष्य का स्तर गिर रहा है। इसका प्रमुख कारण नैतिक मूल्यों का ह्रास ही है। सम्पूर्ण विश्व में भ्रष्टाचार, वर्ग संघर्ष, अलगाव, आतंकवाद बढ़ रहा है। मनुष्य अविश्वासी होता जा रहा हैं इसका प्रमुख कारण बढ़ती चरित्रहीनता है। विद्यालयों को इस ओर ध्यान देना चाहिए। समाज एवं देश के लिए नैतिक मूल्यों का ध्यान रखना आवश्यक है। नैतिकता के बिना देश की उन्नति सम्भव नही है।

15

नारी शिक्षा

भारत में नारी देवी के रूप में पूजनीया मानी गयी है लेकिन मध्ययुग में नारी की हालत कुछ खराब हो गयी थी। अंग्रेजों का शासन भारत में प्रारम्भ होने पर नारी की हालत में काफी बदलाव आया। उन्हें शिक्षा दी जाने लगी और भारत में शिक्षा हर मानव का जन्मसिद्ध अधिकार है। यहाँ मानव का अर्थ पुरुष और नारी दोनों से है। शिक्षा के अभाव में मानव का जीवन अपूर्ण है। अशिक्षित व्यक्ति पशु के समान है। शिक्षित व्यक्ति और अशिक्षित व्यक्ति के जीवन में बहुत अन्तर है। अच्छाई-बुराई का सही निर्णय शिक्षित ही ले पाता है। अशिक्षित व्यक्ति सही निर्णय लेने में असमर्थ होता है, वह केवल श्रम करके अपना पेट तो भर सकता है किन्तु स्तरीय जीवन व्यतीत नहीं कर सकता विशेषकर नारी। यह बात प्राचीन काल से ही देखी जा रही है।

द्वापर युग में भी नारी शोषण के उदाहरण मिलते हैं क्योंकि इस समय में भी लगभग सभी नारियाँ अशिक्षित ही रहती थीं। घर की चारदीवारी में उसे बन्द कर मात्र सेविका अथवा मनोरंजन का साधन समझा जाता रहा है। विशेषकर ग्रामीण क्षेत्रों में नारीवर्ग की शिक्षा का प्रतिबन्ध रहा है। आज से 20 वर्ष पूर्व तो स्थिति यह थी कि बालिकाओं के अध्ययन के लिए तो स्कूल ही नहीं होते थे और दूर के स्कूलों में बालिकाओं के शिक्षा के लिए भेजा नहीं जा सकता था। परिणामतः नारी अशिक्षित ही रह जाती थी। विवाह के पश्चात् तो मानो उसकी स्वतन्त्रता ससुराल में बन्द हो जाती थी। पुरुषवर्ग बाल्यकाल से ही स्वतन्त्र है, वह चाहे कहीं आ-जा सकता है परन्तु महिलाओं को यह स्वतन्त्रता प्राप्त नहीं थी।

स्त्री हो या पुरुष सभी को जन्म देने वाली नारी ही है। माता-पिता, भाई-बहन, पति-पत्नी सबकी उद्गम नारी है, और उस पर ही सब प्रकार के प्रतिबन्ध। उसका काम मात्र सन्तान को जन्म देना, पालन-पोषण करना और परिवारजनों की सेवा करना है। जबकि बालक पर नारी के संस्कार का प्रभाव प्रत्यक्ष रूप से पड़ता है। अतः नारी के लिए शिक्षा अतिआवश्यक है। नारी के गुण का समावेश किसी न किसी रूप में बालक में अवश्य होता है। परिवार का पूर्ण विकास नारी पर निर्भर होता है। इस प्रकार नारी के लिए शिक्षा बहुत आवश्यक है।

वैदिक युग में महिलाओं को शिक्षा दी जाने लगी। इसके कुछ उदाहरण मिलते है। प्रत्येक धार्मिक ग्रन्थ में पुरुषवर्ग के साथ-साथ महिला वर्ग की शिक्षा-व्यवस्था दर्शायी गयी है। वेदों और पुराणों में स्पष्ट दर्शाया गया है कि बिना महिला के पुरुष कोई धार्मिक कृत्य नहीं कर सकता। इसी कारण पुरुषों के साथ-साथ महिलाओं को शिक्षा दी जाती थी। धीरे-धीरे महिलाओं की शिक्षा कम होती गयी और नारी-रसोई घर तक ही सीमित रह गयी है।

इस युग में जब-जब पुरुषों के ऊपर विपत्ति के बादल छाये हैं तब तब महिलाओं ने उनकी सहायता की है। यहाँ तक कि 'रामचरितमानस', 'महाभारत', 'श्रीमद्भागवत', में महिलाओं ने ही विजय प्राप्त कर धर्म की स्थापना करने में सहयोग दिया है। परम्परागत रीति से देश को स्वतन्त्र कराने में महिलाएँ पुरुषों के साथ कन्धे से कन्धा मिलाकर चलीं और सत्याग्रह में भाग लिया। अकेला पुरुष कुछ नहीं कर सकता। आज नारी पूर्ण रूप से जागृत है और शिक्षा के प्रति सजग है। नारी जाति में एक क्रान्ति देखकर ही पुरुष विवश होकर उसको शिक्षा हेतु अनुमति प्रदान कर रहे हैं। सरकार द्वारा भी नारी-जागरूकता में प्रयास किये जा रहे हैं।

सरकार नारी की शिक्षा के लिए अलग से शिक्षण संस्थाओं का निर्माण कर रही है।

महिलाओं को शिक्षित करने का एक प्रमुख लाभ यह मिला कि इन्होंने जीवन के कई महत्त्वपूर्ण क्षेत्र में खुद को स्थापित कर लिया है। वे उत्तम कार्य कर अपनी कार्य-कुशलता का परिचय दे रही हैं। लड़की पढ़-लिखकर माता-पिता का बोझ कम कर रही हैं। पढ़ी-लिखी शिक्षित लड़की को शिक्षित नवयुवक स्वेच्छा से अपना जीवनसाथी चुन लेते हैं। दहेज समस्या में भी इससे सहयोग मिला है। आज तो नारी शिक्षा के कारण ही पुरुष एवं महिला साथ-साथ शिक्षा प्राप्त कर रहे हैं। हमारी सरकार के प्रयास से नारी प्रत्येक क्षेत्र में प्रवेश ले रही है। पर्दा-प्रथा में भी कमी हुई है। नारी शिक्षा को प्रोत्साहित करने के लिये विभिन्न प्रकार के कदम उठाये जा रहे हैं।

थोड़े में हम यह कह सकते हैं कि आज नारी शिक्षा एक मौलिक आवश्यकता बन गयी है। नारी को साथ में लिए बिना देश की प्रगति सम्भव नहीं है। आज नारी शिक्षा के कारण स्वावलम्बी बनती जा रही है। पति का आर्थिक सहयोग कर परिवार की उन्नति में सहायक सिद्ध हो रही हैं। उसमें आत्मबल बढ़ा है। शिक्षा के कारण आज नारी समाज में अपना स्थान बनाती जा रही हैं। अतः नारी शिक्षा का महत्त्व किसी से छिपा नहीं है।

आज भारत में लोगों में नारी शिक्षा के प्रति अत्यधिक जागरूकता आयी है फिर भी अन्य देशों की अपेक्षा यहाँ अभी इसकी हालत शोचनीय है। हमारा देश ग्राम-प्रधान देश है। अधिकांश जनता गाँव में रहती है। शहरों की अपेक्षा गाँव की महिलाएँ शिक्षा में पीछे है। नगरों के साथ-साथ ग्रामीण महिलाओं की शिक्षा पर विशेष रूप से ध्यान देने की जरूरत है।

16

साक्षरता

सामान्य रूप से साक्षरता का अर्थ अक्षर-ज्ञान प्राप्त करने से लगाया जाता है। वर्तमान दौर में शिक्षा को काफी अहमियत दिया जा रहा है। साक्षर व्यक्ति कई आवश्यकताओं का अधिकारी सहज ही बन जाया करता है। साक्षरता पद "निरक्षरता" का विलोम भी है। निरक्षता का सामान्य अर्थ है-अक्षर ज्ञान न होना यानी अनपढ़ एवं अनभिज्ञ होना। "पढ़ेंगे-पढ़ायेंगे, भारत नया बनायेंगे, पढ़ो और आगे बढ़ो" ये वाक्य साक्षरता की ओर संकेत कर रहे हैं। स्वतन्त्रता से पूर्व हमारे देश में शिक्षा का अभाव था। विदेशी शासन में कुछ गिने-चुने लोग ही शिक्षा प्राप्त कर पाते थे। स्वतन्त्रता के पश्चात् शिक्षा की ओर विशेष ध्यान दिया गया। इस क्षेत्र में हमारे देश का विकास भी निरन्तर हो रहा है। दिन-प्रतिदिन नये प्राथमिक एवं उच्च्य शिक्षा के विद्यालय खोले जा रहे हैं। सरकार उन्हें साक्षरता प्रदान कर रही है। इतने प्रयासों के पश्चात् भी हमारे देश की साक्षरता कम है। इसी कारण साक्षरता मिशन की स्थापना की गयी जिससे कि अशिक्षित बालक बालिकायें एवं प्रौढ़ शिक्षा प्राप्त कर सकें। अधिक नहीं तो कम से कम हमारे देश का प्रत्येक व्यक्ति हस्ताक्षर करना तो सीख ही जाये। आज भी हमारे देश के ग्रामीण क्षेत्र की अधिकतर जनता तार एवं पत्र को नहीं पढ़ सकती है। उसे दूसरों पर ही निर्भर रहना पड़ता है। सरकारी सूचनाओं एवं पत्रों का पढ़ना तो दूर रहा, अपना निजी समाचार दूसरों तक लिखकर नहीं भेज सकते। सारे सर्वेक्षण के द्वारा यह बात देखी गयी है कि ज्यादा निरक्षरता गाँवों में पायी जाती है। गाँव में व्यक्ति ज्यादा अनपढ़ होते हैं। वह अपनी शिक्षा पर ज्यादा जोर नहीं देते और इसका फायदा वहाँ के जमींदार लोग उठाते हैं। वह उनको ज्यादा ब्याज पर कम रकम देते हैं और उनसे अनपढ़ होने के कारण कहीं भी अँगूठा लगवाकर उनकी जमीन पर कब्जा कर लेते हैं। सरकार निरन्तर इस प्रयास में लगी रही है कि इन लोगों को साक्षर बनाया जाये। इसके लिए अनेक महत्त्वपूर्ण कदम उठाये गये हैं।

वर्तमान समय में शिक्षा के अभाव में मानव किसी भी क्षेत्र में सफलता हासिल नहीं कर सकता है। अनपढ़ व्यक्ति पशु के समान जीवनयापन करता है। व्यक्ति में अच्छे संस्कार शिक्षा के माध्यम से ही आते हैं। शिक्षा के माध्यम से व्यक्ति सामाजिक, आर्थिक, राजनैतिक, धार्मिक ज्ञान प्राप्त कर स्वयं तो अपना मार्ग बनाता ही है, साथ ही दूसरों का भी मार्गदर्शन करता है। शिक्षा प्राप्त करना प्रत्येक व्यक्ति का जन्मसिद्ध अधिकार है। नवीन पीढ़ी अथवा बालक एवं नवयुवक तो शिक्षा प्राप्त कर आगे बढ़ते रहे हैं। आवश्यकता है प्रौढ़ों को शिक्षा प्रदान करने की अथवा 14 वर्ष की आयु से अधिक वाले वे सभी व्यक्ति जो अशिक्षित हैं

अथवा हम कह सकते हैं कि वे सभी व्यक्ति जो समय से शिक्षा प्राप्त नहीं कर सकते और न कर पा रहे हैं। शिक्षा के इतने प्रचार व प्रसार हो जाने पर भी व्यक्ति अपने धन का सही उपयोग नहीं कर पाता और न ही भोला-भाला किसान अपनी उपज का उचित मूल्य प्राप्त कर सकता है। आज भी हमारे देश में कुछ ऐसे क्षेत्र हैं जहाँ लोग काफी संख्या में अशिक्षित हैं। ऐसे लोग अनायास ही साहूकारों के मक्कारी का शिकार हो जाते हैं।

सन् 1947 में भारत को स्वतन्त्रता प्राप्त हुई। इसके पूर्व भारत पर विदेशियों का शासन था जिसके दौरान शिक्षा निरन्तर उपेक्षित ही रही। स्वतन्त्रता के पश्चात् इस ओर विशेष ध्यान दिया गया। नियमित रूप से तो बालक-बालिकाओं एवं वयस्कों के लिए उचित शिक्षा का प्रबन्ध तो हो ही रहा है, इसके साथ-साथ हमारी सरकार प्रौढ़ शिक्षा पर विशेष ध्यान दे रही है। गाँव-गाँव में प्रौढ़ शिक्षा केन्द्र, आँगनवाड़ी तथा अन्य संस्थाएँ खोलकर काम-काजी पुरुष एवं महिलाओं को साक्षर बनाने का प्रयास किया जा रहा है। महात्मा गांधी एवं रामकृष्ण मिशन का अनुकरण कर इस समस्या को हल करने का प्रयास निरन्तर किया जा रहा है। गांधी जी के शब्दों में, यदि भारत का प्रत्येक शिक्षित व्यक्ति अनपढ़ को साक्षर बनाने का निश्चय कर लें तो, भारत से निरक्षरता बहुत जल्दी समाप्त हो सकती है। गांधी जी के इस विचार पर हमारी सरकार निरन्तर ध्यान दे रही है। प्रत्येक शिक्षण संस्था में इस प्रकार के अभियान चलाये जा रहे हैं। इस समय विद्यालयों में चल रहे सेवा योजना शिविरों, बालचरों द्वारा कुछ ऐसे कार्यक्रम चलाये जा रहे हैं, जो लोगों को काफी आकर्षित कर रहे हैं। निःशुल्क होने के कारण लोग और भी उत्सुकता से भाग लेते हैं।

इनके प्रयासों को राज्य व केन्द्र सरकार द्वारा और भी प्रोत्साहन मिल रहा है। दूरदर्शन एवं आकाशवाणी के माध्यम से जनता को साक्षरता हेतु प्रेरित किया जा रहा है। गाँवों में सायंकाल विद्यालय खोले गये हैं, जहाँ दिन भर के कार्य को करने के पश्चात् प्रौढ़, युवक, युवतियाँ शिक्षा प्राप्त करने पहुँच जाते हैं। इन्हें शिक्षा देने के लिए नये-नये उपाय अपनाये जा रहे हैं। सम्पूर्ण शिक्षण सामग्री, पुस्तकें, कापियाँ, पेन, स्लेट एवं खाद्य-सामग्री निःशुल्क उपलब्ध कराई जाती हैं। यूनेस्को की विशेष सहायता से ग्रामीण जनता के लिए 'कार्यकारी साक्षर परियोजना' को प्रारम्भ किया गया है। इसके माध्यम से औद्योगिक शिक्षा का विशेष प्रबन्ध किया गया है।

भारत में साक्षरता अभियान चलाया जा रहा है जो सतत प्रगति के पथ पर हैं साक्षरता कार्यक्रम का विशेष महत्त्व है। इसके माध्यम से देश की बहुत-सी समस्याओं को हल करने में सहयोग मिलेगा। निरक्षरता जैसा भयंकर कलंक दूर हो जायेगा। जनता स्वावलम्बी होगी, अपना विकास करेंगी तो देश के विकास को गति मिलेगी। अतः साक्षरता का विशेष महत्त्व है। सभी शिक्षित युवक, युवतियों को चाहिए कि समय निकालकर साक्षरता में सहयोग प्रदान करें। विद्या देने से बढ़कर कोई दान नहीं हैं इसमें धन की अवश्यकता नहीं होती। मात्र समय निकालकर इस महादान को वितरित कर अपना मार्ग सुगम बनाया जा सकता है। इस प्रकार की सेवा भारत के कुछ प्रमुख संगठनों द्वारा निःशुल्क किया जा रहा है अतः केन्द्र एवं राज्य सरकारों को इस ओर विशेष ध्यान देना चाहिए। तभी देश के सभी लोगों को साक्षर कहलाने का अधिकार मिल पायेंगे।

17

भाग्य और पुरुषार्थ

पुरुषार्थी पुरुष ही लक्ष्मी को अर्जित करने में सफल होते है। ईश्वर के भरोसे कायर पुरुष बैठते हैं। लक्ष्मी भी उद्योगी पुरुष का ही वरण करती है। संसार में व्यक्तियों की दो श्रेणी हैं कर्मवीर और कर्मभीरु।

कर्मवार या पुरुषार्थी मनुष्य अनेक प्रकार की बाधाओं, संघर्षों तथा असफलताओं का साहस एवं दृढ़ता से मुकाबला करता हुआ अपने गंतव्य को प्राप्त करने में सफल होता है परन्तु कर्मभीरु न केवल परिश्रम से दूर भागता है, अपितु कायर की भाँति वक्त के थपेड़े को खाता हुआ निराशा के गर्त में गिर जाता है। ऐसा व्यक्ति भाग्यवादी कहलाता है।

भिन्न-भिन्न विद्वानों की 'भाग्य' के बारे में भिन्न-भिन्न परिभाषाएँ हैं। कुछ लोगों के अनुसार अदृश्य की लिपि ही भाग्य है क्योंकि भाग्य को पहले से जाना नहीं जा सकता। प्रायः हर मनुष्य को अपने भाग्य के बारे में जानने की जिज्ञासा रहती है। भाग्यवादी व्यक्ति आलसी तथा निकम्मा हो जाता है। पुरुषार्थ के बिना भाग्य भी बेकार है। कोई भी कार्य केवल मनोरथ करने से नहीं अपितु उद्यम से पूर्ण होता है। आलस्य तो शरीर का सबसे बड़ा शत्रु है। ऐसा व्यक्ति देश के लिए कलंक है जो निकम्मा और परावलम्बी हो। इसके विपरीत पुरुषार्थ करने वाले व्यक्ति का सफलता सदैव वरण करती है।

यदि अब्राहम लिंकन भाग्य के भरोसे बैठे रहते तो अपने पिता के साथ जीवन भर लकड़ियाँ काट-काटकर गुज़ारा करने को विवश हो जाता, नेपोलियन कभी विश्वविजेता न बनता। शिवाजी एक सिपहसालार ही बना रहता। ऐसे व्यक्तियों की उन्नति में निश्चय ही उनके भाग्य का नहीं, पुरुषार्थ का हाथ होता है।

यहाँ भाग्यवादियों के मतानुसार मानव को जो कुछ प्राप्त होता है उसके कर्म के अनुसार ही मिलता है। भाग्य के अनुसार ही सत्यवादी हरिश्चन्द्र को नीच के हाथ बिकना पड़ा और श्मशान में नीच काम करना पड़ा। भाग्य के कारण ही श्री राम जैसे प्रतापी को जंगलों की खाक छाननी पड़ी तथा पांडवों को कई वर्षों तक अपमान और कष्टपूर्ण जीवन बिताना पड़ा।

इसलिए यहाँ कुछ लोगों का अटूट विश्वास है कि भाग्य में वर्णित व्यवस्था को कोई परिवर्तित नहीं कर सकता। लेकिन पुरुषार्थ के पक्षधर मानते हैं कि व्यक्ति अपने परिश्रम और दृढ़ संकल्प से भाग्य को बदल सकता है। पुरुषार्थ के बल पर ही आज मानव ने प्रकृति को अपने वश में कर लिया है, सागर की गहराइयों का दोहन किया है, पर्वतों को चीरकर सड़कें बना ली हैं और दूसरों ग्रहों पर पहुँचकर विजय की पताका फहराई।

अगर वह भाग्य के ऊपर निर्भर होता तो आज तक पाषाण युग में घूमता रहता। गीता में भी स्पष्ट लिखा है कि पुरुषार्थ किये बिना भाग्य का निर्माण नहीं होता। कर्म का मार्ग ही पुरुषार्थ का मार्ग है। पुरुषार्थ के बिना भाग्य भी किसी को कुछ नहीं दे सकता।

18

राष्ट्रीय एकता

एकता में काफी बल व शक्ति होती है। हालाँकि एकता से शक्ति का बिखराव कम होता है तथा एकता से राष्ट्र समृद्ध एवं शक्तिशाली बनता है। इस प्रकार यह कहा जा सकता है कि विश्व के किसी भी देश को एकता के सूत्र में बाँधकर उस देश को आत्मनिर्भर एवं समृद्धशाली बनाया जा सकता है। अतः किसी भी राष्ट्र में एकता का होना जरूरी है। एकता के अभाव में कोई भी देश विनाश के गर्त में जा सकता है। भारत जैसे विविधताओं भरे देश में राष्ट्रीय एकता सीमेंट का काम करती है। राष्ट्रीय एकता के बिना कोई भी हमारे देश को, समाज को खण्ड-खण्ड कर सकता है। अंग्रेजों ने हिन्दू और मुसलमान का भेद खड़ा करके भारत पर सैकड़ों वर्ष तक राज किया। परन्तु जब भारत की भोली जनता ने भेदभाव भुलाकर 'भारतीयता' का परिचय दिया, तो विश्वविजयी अंग्रेजों को भारत छोड़कर वापस अपने देश जाना पड़ा।

भारत विविधताओं का देश है क्योंकि इस देश में भाषा, धर्म, रूप, जलवायु, प्रान्त, रहन-सहन, आचार-विचार एवं खान-पान में अधिक भिन्नता है, इतनी भिन्नता के कारण ही इसमें राष्ट्रीय एकता होना कठिन काम है। कहीं प्रान्तवाद के नाम पर कश्मीर, पंजाब, नागालैंड, गोरखालैंड आदि अलग होने की बात करते हैं। कहीं हिन्दी और अहिन्दी प्रदेश का झगड़ा है। कहीं उत्तर-दक्षिण का भेद है। कहीं मन्दिर-मस्जिद का विवाद है। जातिवाद ने भारत के एक-एक व्यक्ति को मानो अन्दर ही अन्दर अलग खड़ा कर दिया है। आज देश में हर कोई स्वार्थी हो चुका है जो एक खतरनाक स्थिति है। राजनीतिक नेतृत्व ही देश की एकता और अखंडता तोड़ने पर आमादा है। वे अपने वोट-बैंक बनाने के लिए किसी को जाति के नाम पर तोड़ते हैं, किसी को धर्म, भाषा, प्रान्त के नाम पर। आज भारत के लिए सबसे दुःख की बात यह है कि यहाँ पर एकता और सामंजस्य बनाने वाले लोग कम हैं।

आज सम्पूर्ण भारत में एक जैसी संस्कृति देखने को मिलती है। राम-कृष्ण के नाम पर जहाँ सारे हिन्दू एक हैं, मुहम्मद के नाम पर मुसलमान एक हैं, वहाँ गांधी, सुभाष के नाम पर पूरा हिन्दुस्तान एक है। संविधान और जन्मभूमि के नाम पर समूचा भारत एक है। आज जब कश्मीर पर संकट घिरता है तो केरलवासी भी व्यथित होता है। पहाड़ों में भूकम्प आता है तो समूचा भारत उसकी सहायता करने को उमड़ पड़ता है। राष्ट्रीय एकता

का सबसे बड़ा तत्त्व है-भावात्मक एकता। इस दृष्टि से समूचा हिन्दुस्तान आज एक है।

राष्ट्र की एकता को मजबूत आधार प्रदान करने के लिए जरूरी है कि भेदभाव को समाप्त किया जाये। सर्वप्रथम सारे देश में एक ही कानून हो। द्वितीय अन्तर्जातीय विवाहों को प्रोत्साहन दिया जाये। तीसरे, सरकारी नौकरियों में अधिक से अधिक दूसरे प्रान्तों में स्थानान्तरण हो ताकि समूचा देश सबका साँझा बन सके। सब एक दूसरे का दुख-दर्द जान सकें। चौथे, शिक्षा संस्थानों में अन्य प्रान्तों के छात्रों की कुछ सीटें जरूर रखी जायें। पाँचवें, राष्ट्रीय एकता को प्रोत्साहन देने वाले लोगों और कार्यों का आदर किया जाये। छठे, कलाकारों और साहित्यकारों को साहित्य लिखना चाहिए। इस पुनीत कार्य में समाचार-पत्र, दूरदर्शन, चलचित्र बहुत कुछ कार्य कर सकते हैं। भारतीय एकता के लिए सबका समान योगदान ही कुछ कर सकता है तथा भारतीयों को परस्पर जोड़ सकता है।

19

यदि मैं अध्यापक बनूँ!

मैं मध्यमवर्गीय सुशिक्षित एवं सुसंस्कृत परिवार में पैदा हुआ हूँ। मेरे पिताजी तथा मामाजी दोनों अध्यापक हैं। पिताजी एक सेठ द्वारा दिये गये दान से निर्मित विशाल भवन में चल रहे विद्यालय में नियुक्त हैं जहाँ हर तीन वर्ष बाद स्थानान्तरण होता रहता है। दोनों अपने-अपने व्यवसाय से संतुष्ट है और न कोई झगड़ा, न कोई टंटा, न कोई झमेला। इन दोनों की जीवन-चर्या और सुखी जीवन को देख जब मैं दसवीं कक्षा में पढ़ता था, मेरे मन में भी पढ़-लिख कर अध्यापक बनने की कामना अंकुरित हुई।

उन्हीं दिनों महर्षि अरविन्द का निधन हुआ था और समाचार पत्रों में उनके महान व्यक्तित्व और उनके दार्शनिक विचारों के सम्बन्ध में अनेक लेख लिखे गये थे। जब मैंने वे लेख पढ़े तो उनके विषय में अधिक जानने की उत्सुकता जगी, मै विद्यालय के पुस्तकालय में गया और 'महर्षि अरविन्द के विचार' नामक पुस्तक घर लाकर पढ़ने लगा। पुस्तक पढ़ते-पढ़ते मेरी दृष्टि उस स्थल पर पड़ी जिसमें अध्यापक के सम्बन्ध में उन्होंने लिखा था, अध्यापक राष्ट्र की संस्कृति के चतुर माली होते हैं।

वे संस्कारों की जड़ों में खाद देते हैं और अपने श्रम सीकरों से उन्हें सींच-सींच कर महाप्राण शक्तियाँ बनाते हैं।

एक भाषण में मैंने यह सुना था कि शिक्षक देश के भावी नागरिकों का निर्माता होता है। जब भाषण के बाद मैंने वक्ता महोदय के पास जाकर प्रश्न किया कि वह राष्ट्र निर्माता कैसे होता है तो उन्होंने बताया कि छात्र ही आगे चलकर देश के नागरिक बनते हैं।

फलस्वरूप मैंने निश्चय कर लिया कि मैं भी अध्यापक बनूँगा, आदर्श अध्यापक और उन बुराइयों से दूर रहूँगा जो मैंने नवीं कक्षा में अंग्रेजी पढ़ाने वाले अध्यापक में देखी थीं। वह परीक्षा में उत्तीर्ण होना ही विद्यार्थी की सफलता मानते थे, शिक्षा को व्यवसाय समझते थे, अतः अपने छात्रों को बाजार में बिकनेवाली सस्ती कुंजियों, गाइडों को पढ़ने या ट्यूशन करने का परामर्श देते थे। उनके लिए शिक्षा का अर्थ मात्र साक्षरता, परीक्षा में उत्तीर्ण होकर डिग्री प्राप्त करना और उस डिग्री के बल पर नौकरी पाना मात्र था।

अपने निश्चय को पूरा करने के लिए पहले मैंने एम. ए. किया फिर बी. एड.। अध्यापक बनने की रुचि और पूर्ण योग्यता के बाद मैंने विज्ञापन देखकर अध्यापक पद पाने के लिए प्रार्थना-पत्र भेज रखा है और आशा है शीघ्र ही नियुक्ति-पत्र प्राप्त हो जायेगा। यदि मेरा सपना पूरा हो गया और मैं अध्यापक बन गया तो मैं क्या करूँगा, उसकी एक झलक मात्र यहाँ प्रस्तुत कर रहा हूँ।

शिक्षा पर जब मैंने अपनी शंका महेश से व्यक्त की तो उसने मुझे अपने घर चलने और कुछ दिन रहने का निमंत्रण दिया। मेरी शंका निर्मूल सिद्ध हुई, परन्तु मैं मन ही मन महेश के साहस और उसकी उत्सर्ग भावना की सराहना करता रहा जिसने अपनी नौकरी, अपने घर-परिवार के दुःख की चिन्ता न कर मेरे घोर संकट के समय सहायता की थी।

सच्चे मित्र को भाई से भी अधिक सहारा देनेवाली दूसरी भुजा कहा गया है। मेरा मित्र महेश वस्तुतः मेरी दूसरी भुजा था। उसके प्रति अपने भावों को व्यक्त करने के लिए मैंने अपने शयन-कक्ष में उसका चित्र लगाया है।

20

मेरा जीवन लक्ष्य

मेरा जीवन असल में एक प्रयोगशाला के रूप में होगा। जीवन की सार्थकता अनुभव में है। सामंजस्य और सहयोग जीवन के नियम हैं। जीवन एक कोमल भावना भी है। हमारा जीवन अपने आप में विकास का सिद्धान्त है, स्थिर रहने का नहीं। जीवन को नियम के अधीन कर देना आलस्य पर विजय पा लेना है।

जीवन की सार्थकता अत्याचार के विरुद्ध लड़ने में है। इसलिए हर व्यक्ति के जीवन का कोई-न-कोई लक्ष्य अवश्य होना चाहिए। निरुद्देश्य जीवन 'अकाल मृत्यु' है।

अधिकतर लोग अपने जीवन का उद्देश्य तय करने के लिए अपने समाज के महापुरुषों को आदर्श बनाते हैं। उनका ऐसा करना अथवा सोचना एक सीमा तक ठीक भी है, पर वास्तविकता यह है कि हम जिनको अपने जीवन के लक्ष्य का आधार या प्रेरक बना रहे हैं, उनकी जीवनगत तथा समाजगत परिस्थितियाँ वैसी नहीं हैं जैसी कि हमारे सामने आज के युग में हैं। यह बात दूसरी है कि इन महापुरुषों के आदर्श जीवन का आकर्षण हमें उनके पद-चिह्नों पर चलने के लिए प्रेरित करता है।

मेरा जीवन आदर्श जीवन के अनुरूप बने। उसके लिए 'सत्यनिष्ठा, लोक-सेवा, परोपकार, ..., प्रेम तथा सदाचार के गुण होना आवश्यक है। साथ ही ऐसे लक्ष्य की पूर्ति के लिए, हमारी लगन में नशा होना चाहिए। हमें उस लक्ष्य से सम्बन्धित सभी संघर्षों तथा तनावों को झेलने के लिए हमेशा तैयार रहना चाहिए। सच्चा आदर्श जीवन वही है, जो दूसरों के लिए हो।

अध्यापकीय जीवन बिताना मेरे जीवन का दृढ़ तथा सार्थक लक्ष्य है। कारण यह वह महत्त्वपूर्ण कार्य है, जो देश के निर्माण में नींव के पत्थर का काम करता है। किसी भी छात्र-छात्रा के जीवन की नींव को मजबूत बनाने में शिक्षक का बहुत बड़ा दायित्व तथा योगदान होता है।

यह अध्यापक की कार्यक्षमता का फल है कि संसार की नवीन प्रतिभाओं को उजागर करने में वह प्राथमिक भूमिका निभाता है। यदि माता-पिता जन्म देते हैं, तो शिक्षक पुनर्जन्म देता है। संसार की दो ही इकाइयाँ ऐसी हैं जो अपनी संतति की प्रगति को देखकर फूली नहीं समाती हैं - माता-पिता तथा शिक्षक। दोनों को अपनी इन संतानों को देख-देख करके

आत्मसंतोष मिलता है। यह आत्मसंतोष शब्दातीत है। विद्या-दान सर्वोपरि है। अन्नदान से क्षणिक तृप्ति होती है, पर विद्यादान आजीवन तुष्ट करता है और विद्याविहीन व्यक्ति पशु के समान होता है।

वर्तमान समय में समाज जीवन मूल्यों के विघटन के कगार पर अग्रसर हो रहा हैं। समाज-विरोधी तत्त्व सिर ऊपर उठा रहे हैं। राजनीति में असामाजिक तत्त्व स्वार्थसिद्धि के भाव से प्रवेश कर गये हैं। इसमें सुधार का आधार मात्र शिक्षा है और ऐसा तभी सम्भव है, जब शिक्षक नैतिक क्रान्ति की भावना सार्वभौमिक स्तर पर पैदा करें। इसी तरह देश की युवा-पीढ़ी का मार्गदर्शन हो सकता है। मेरे जीवन का यही लक्ष्य है, यही आदर्श है, यही मुझे समाज की आधारशिला प्रतीत होती है।

21

दिल्ली मेट्रो रेल

भारत की राजधानी दिल्ली में बढ़ती बाहरी जनसंख्या की वजह से दिल्ली की आवागमन की समस्या विकट होती देखकर दिल्ली सरकार ने यहाँ की यातायात व आवागमन की समस्या को हल करने का एक सराहनीय कार्य मेट्रो रेल चलाकर किया। इसके लिए भारत सरकार ने मेट्रो रेल कारपोरेशन का गठन किया है और एक विदेशी कम्पनी से अनुबंध किया है। लगभग 6000 करोड़ की परियोजना के अन्तर्गत मेट्रो रेल चलाने हेतु युद्ध स्तर पर कार्य प्रारम्भ हुआ। फलस्वरूप 24 दिसम्बर 2003 को पहले चरण में शाहदरा से कश्मीरी गेट तक की लाइन का शुभारम्भ हुआ। इस अवसर पर दिल्ली की मुख्यमंत्री शीला दीक्षित और पूर्व मुख्यमंत्री मदन लाल खुराना के साथ-साथ कई केन्द्रीय और दिल्ली सरकार के मंत्री और अधिकारी भी मौजूद थे।

मेट्रो रेल ने दिल्ली यातायात की समस्या को काफी सीमा तक सुलझा दिया है और दिल्ली के यात्रियों के लिए मेट्रो रेल का चलाया जाना प्रमुख और सुविधाजनक कहा गया है। मेट्रो रेल के लिए पथ बनाने में अनेक प्रकार के व्यवधान भी आये, तथा कुछ मजदूरों की निर्माण काल में मृत्यु भी हुई, इन सभी कठिनाइयों को पार करते हुए सरकार ने दिल्लीवासियों को मेट्रो की सुविधा प्रदान की। दूसरे चरण में 31 मार्च 2004 को शाहदरा से रिठाला तक लगभग 21 किलोमीटर की दूरी के लिए मेट्रो रेल को चलाया गया। शाहदरा से रिठाला के लिए मेट्रो के 18 स्टेशन बनाये गये जिनमें शाहदरा, वेलकम, सीलमपुर, शास्त्री पार्क, कश्मीरी गेट, तीस हजारी, पुल बंगश, प्रताप नगर, शास्त्री नगर, इन्द्रलोक, कन्हैया नगर, केशवपुरम, नेताजी सुभाष प्लेस, कोहाट एंक्लेव, पीतमपुरा, रोहिणी पूर्वी, रोहिणी पश्चिमी और रिठाला के निवासियों को मेट्रो रेल के उपयोग का मौका मिला।

मेट्रो के प्रबन्ध निदेशक ने बताया कि मेट्रों में अब तक एक लाख तीस हजार यात्री प्रतिदिन के हिसाब से यात्रा करते हैं। कभी-कभी छुट्टियों के दिनों में यात्रियों की संख्या एक लाख पचास हजार तक हो जाती है। मेट्रो रेल से अब तक निगम को 12 से 13 लाख रुपये की यात्रियों से आय हो जाती है। साथ में प्रतिदिन 3 लाख रुपये के लगभग अन्य स्रोतो से मेट्रो को आय हो जाती है, जिनमें पार्किंग, विज्ञापन, स्टेशनों पर लगे स्टाल प्रमुख बताये जाते हैं। दिल्ली मेट्रो रेल कारपोरेशन निगम ने मेट्रो रेल परिचालन के लिए लगभग

600 व्यक्तियों को हांगकांग में तकनीकी शिक्षा दिलाई। सरकार ने दिल्ली में मेट्रो रेल का शुभारम्भ कर दिल्लीवासियों को मेट्रो रेल का एक अनुपम उपहार दिया है। दिल्ली के मुख्य भागों पर सीमेन्ट कंक्रीट के खम्बे बनाकर मेट्रो रेल का दिल्ली में शुभारम्भ करने वाला दक्षिण एशिया क्षेत्र में दिल्ली पहला शहर है।

आज मेट्रो का तीसरा और चौथा चरण भी पूरा हो गया है। जिसमें ऊपर गामी मार्ग बाराखम्बा से पटेलनगर, मोतीनगर, तिलकनगर, उत्तम नगर, ओम विहार होती द्वारका तक है, जिसमें 22 स्टेशन बनाये गये हैं, इसकी दूरी लगभग 23 किलोमीटर है। भूमिगत मेट्रो रेल जो केन्द्रीय टर्मिनल से कनाट प्लेस, चावड़ी बाजार, नई-पुरानी दिल्ली होती हुई विश्वविद्यालय तक चलायी गयी है। जिसके मार्ग में 10 स्टेशन बनाये गये है और इसकी दूरी लगभग 11 किलोमीटर है। दिल्ली में जिन मार्गों पर मेट्रो रेल चल रही है उस क्षेत्र के निवासी बस, आटो को छोड़कर मेट्रो रेल से ही यात्रा करना सुविधाजनक मानते हैं। मेट्रो के प्रयोग स्टेशन पर पार्किंग के स्थान, पीने का पानी, जन सुविधाएँ बनायी गयी हैं।

मेट्रो रेल के दोनों चरण पूरा करने के बाद निकटवर्ती जिलों में यह कार्य किया गया है। दिल्ली के निकटवर्ती राज्यों के जिलों को भी मेट्रो रेल द्वारा दिल्ली से गौतम बुद्धनगर जाने का प्रावधान बनाया गया है। जिसमें उत्तर प्रदेश का जिला गाजियाबाद, गौतम बुद्धनगर तथा हरियाणा के जिले फरीदाबाद, गुड़गाँव व बहादुरगढ़ का नाम शामिल है।

प्रत्येक मेट्रो स्टेशनों पर लिफ्ट की व्यवस्था की गयी है तथा स्वचालित सीढ़ियाँ भी लगायी गयी हैं। मेट्रो रेल में यात्रा करने के लिए स्टेशन पर लिफ्ट भी लगायी गयी हैं। मेट्रो रेल में यात्रा करने के लिए स्टेशन पर टिकट के रूप में एक गोल टोकन दिया जाता है। दूरी और दर के अनुरूप टोकन के रंग अलग है। स्टेशन से टोकन लेकर यात्री को रेल तक पहुँचने के लिए रास्ते में गली बाधा पर टोकन दिखाने पर ही रास्ता मिलता है। यात्रा पूर्ण होने पर स्टेशन पर लगी बाधा के भीतर लिया गया टोकन डालने से बाधा दूर होने पर यात्री स्टेशन से बाहर आ जाता है।

आगामी मेट्रो स्टेशन की सूचना मेट्रो रेल के प्रत्येक डिब्बे में होती है। साथ ही कम्प्यूटर द्वारा स्वचलित सन्देशों का भी प्रसारण होता है, जिसमें आने वाले स्टेशन की जानकारी मिलती है। वातानुकूलित मेट्रो रेल में यात्रा का आनंद आता है, साथ ही सड़क पर यातायात के दौरान विकट जाम समस्या नहीं मिलती और यात्री अपने गंतव्य तक कम समय में पहुँचने में सफल होता है।

22

राष्ट्रभाषा हिन्दी

प्रत्येक स्वतन्त्र देश की स्वयं की अपनी भाषा है, जो उसको गौरव प्रदान करती है। किसी भी स्वतन्त्र राष्ट्र की अपनी एक भाषा होती है जो उसका गौरव होती है। इसी भाषा को उसकी राष्ट्रभाषा के नाम से भी जाना जाता है। राष्ट्रीय एकता और राष्ट्र के स्थायित्व के लिए राष्ट्र भाषा अत्यंत महत्त्वपूर्ण होती है। इसके विपरीत जिस राष्ट्र की कोई भाषा नहीं है उसे दरिद्र एवं दीन-हीन की पदवी दी जाती है।

आजादी मिलने के पहले ही कांग्रेस ने यह निर्णय लिया था कि स्वतन्त्र भारत की राजभाषा हिन्दी होगी। स्वतन्त्रता प्राप्ति के बाद जब 26 जनवरी 1950 को देश का संविधान लागू हुआ और भारत को सर्वप्रभुतासम्पन्न लोकतन्त्रात्मक गणराज्य घोषित किया गया तो संवैधानिक स्तर पर हिन्दी को भी भारतीय गणतन्त्र की राजभाषा घोषित किया गया।

14 सितम्बर 1949 को भारतीय संविधान सभा ने हिन्दी भाषा को भारत संघ की राजभाषा के रूप में मान्यता दे दी थी। इतना सब कुछ होने के बावजूद हिन्दी भाषा अपना घोषित पद प्राप्त नहीं कर पायी। अंग्रेजों ने तो मुसलमानों को प्रसन्न करने के लिए उर्दू को दूसरी मुख्य भाषा पहले से ही बना रखा था।

आजादी के समय मुसलमानों ने उर्दू के पक्ष में दावा पेश किया तो दक्षिण के लोग अंग्रेजी का राग अलापने लगे। साथ ही देश के कर्णधारों ने यह घोषित कर दिया कि 1965 तक अंग्रेजी ही काम-काज की भाषा बनी रहेगी। इस अवधि तक दक्षिणी राज्य हिन्दी को राष्ट्रभाषा घोषित करने को तैयार हो जायेंगे। परन्तु दुर्भाग्यवश आज स्वतन्त्रता के 65 वर्ष बाद भी हिन्दी राष्ट्रभाषा नहीं हो पायी है।

प्रत्येक भाव को व्यक्त करने का सामर्थ्य हिन्दी भाषा में मौजूद है, सर्वव्यापकता तथा बनावट की दृष्टि से सरल है। आज भी हिन्दी भाषा देश के कोने-कोने में बोली जाती है। विश्व के अनेक विश्वविद्यालयों में हिन्दी का पठन-पाठन हो रहा है, परन्तु हमारा दुर्भाग्य है कि अपने ही देश में राष्ट्रभाषा को तिरस्कृत होना पड़ रहा है। हिन्दी जानने वाले भी अंग्रेजी भाषा का प्रयोग कर अपने मिथ्याभिमान का प्रदर्शन कर रहे हैं। हमारे देश के राजनीतिज्ञ अपने ही देश में अंग्रेजी में बोलकर अपने अहं की तुष्टि करते हैं। संसद में

प्रश्न हिन्दी में पूछा जाता है, परन्तु उत्तर अंग्रेजी में मिलता है। यह निर्विवाद सत्य है कि व्यक्ति के व्यक्तित्व का समुचित विकास अपनी ही भाषा के पठन-पाठन से होता है, अन्य भाषा से नहीं।

वर्तमान समय में जिस तरह अंग्रेजी भाषा के स्कूलों की बढ़ोत्तरी हो रही है तथा प्रत्येक व्यक्ति जिस प्रकार अपने बच्चों को अंग्रेजी माध्यम द्वारा पढ़ाने को अनिवार्य मानने लगा है, उसे देखकर ऐसा नहीं लगता कि हिन्दी हमारे संविधान द्वारा स्वीकृत हमारे देश की राष्ट्रभाषा है। विदेशी भाषा के माध्यम से पढ़ने के कारण बालक अपने विचारों को पूरी तरह व्यक्त नहीं कर पाते हैं।

पूरे भारत के नागरिकों का दायित्व है कि हिन्दी को राष्ट्र भाषा बनाने के लिए पूरी तन्मयता से प्रयास करें। हर सम्भव प्रयास करें। सदा याद रखें कि व्यवहार में हिन्दी भाषा का प्रयोग हीनता नहीं अपितु गौरव का प्रतीक है। श्री अटल बिहारी वाजपेयी पहले भारतीय थे जिन्होंने सयुंक्त राष्ट्र संघ में पहली बार हिन्दी में भाषण देकर सभी को चौंका दिया था। अतः हिन्दी को राष्ट्रभाषा के रूप में सम्मान देना हम भारतीयों का ही कर्तव्य है।

23

मेरा प्रिय काव्य (रामचरितमानस)

मेरा प्रिय काव्य 'रामचरितमानस' है। धरती पर ऐसा कोई प्राणी नहीं है जो इससे परिचित हुए बिना रह सकता हो। तुलसी का यह अमर काव्य इसी कारण प्रबन्धकाव्य अथवा पुराण की गणना में आता है। राम के चरित्र के माध्यम से गोस्वामी जी ने मर्यादा, आदर्श, लोकनीति एवं भक्ति तथा समन्वयवाद की स्थापना किया है जो निरन्तर मनुष्य को लाभ पहुँचाता रहेगा। इन्हीं कारणों से गोस्वामी जी लोकनायक कहे जाते हैं।

मर्यादा पुरुषोत्तम श्री राम 'रामचरितमानस' के नायक हैं। वे जगत् के रक्षक है। वे शक्ति के स्तम्भ है। वे दुर्गा कोटि अमित अरिमर्दन हैं। राम आदर्श पुत्र हैं, आदर्श शिष्य हैं। राम के अतिरिक्त अन्य पात्र लक्ष्मण, भरत, शत्रुघ्न, सीता आदि के चरित्र भी अनुकरणीय हैं। सभी के चरित्रों में कर्तव्यपरायणता, भक्ति-भावना, आदर्शवाद एवं समन्वय दिखायी दे रहा है। इसके साथ ही तुलसी ने हमारे इस प्रिय काव्य में रावण के चरित्र की भी झाँकी प्रस्तुत की है जिससे व्यक्ति राक्षसी प्रवृत्ति अथवा अवगुणों से बच सके।

'रामचरितमानस' भाव पक्ष की दृष्टि से उत्तम काव्य है। उसमें प्रबन्ध काव्य के लक्षण विद्यमान हैं। जीवन के विविध रूपों को प्रस्तुत करने में कवि पूर्ण सफल हुआ है। भक्तिभावना, मानव की विभिन्न दशाओं, प्रकृति चित्रण आदि को प्रस्तुत कर काव्य को और अधिक महत्त्वपूर्ण बना दिया है। इस महान काव्य में पात्रों के चरित्र के माध्यम से जीवन मूल्यों की प्रतिष्ठा स्थापित की गयी है। इस काव्य से मानव मन की गहराई पर ध्यान दिया गया है। इस कारण काव्य गम्भीर हो गया है। 'रामचरितमानस' की महानता उच्च एवं आदर्श चरित्रों के चित्रण में है। इसका उद्देश्य लोकहित है।

रामचरित मानस कलापक्ष के दृष्टिकोण से एक प्रकार की सर्वोत्कृष्ट काव्य रचना है। रामचरिमानस की भाषा शुद्ध, परिष्कृत एवं परिमार्जित साहित्यिक अवधी है। इसका शब्द भण्डार विशाल है। भाषा सभी प्रकार के भावों को व्यक्त करने में पूर्ण सफल है। कहीं-कहीं देशज शब्द संस्कृत रूप में प्रयोग किये गये हैं, किन्तु बोझिल प्रतीत नहीं होते। इसका प्रमुख कारण यह है कि इन शब्दों का रूप अपनी भाषा की सफल अभिव्यक्ति है। मुहावरों एवं लोकोक्तियों के सुन्दर प्रयोग हैं।

चमत्कारिक अलंकारो के प्रयोग की दृष्टि से भी यह उच्चकोटि की काव्य रचना है।

भाव सौन्दर्य के साथ-साथ अलंकार प्रयोग से भाषा में और अधिक आकर्षक आ गया है। एक रूपक के माध्यम से की गयी व्यंजना का एक उदाहरण-

उदित उदय गिरि मंच पर रघुवर-वाल पतंग।

विकसे संत-सरोज सब, विहंसे लोचन भृंग ॥

उत्प्रेक्षा-

लसत मंजु मुनि मंडली, मध्य सीप रघु-चन्दु।

ग्यान सभा जनु तनु धरै, भगति सच्चिदानन्द ॥

चमत्कारिक छन्द के प्रयोग की दृष्टि से भी रामचरितमानस उच्चकोटि का काव्य है। इन्होंने रामचरित मानस में दोहा चौपाई, मात्रिक, वर्णवृत्त छन्दों का प्रयोग विशिष्ट रूप से किया है। इसके अतिरिक्त इन्होंने रामचरित-मानस में दोहा, चौपाई तथा विभिन्न छन्द विशेषकर मात्रिक एवं वर्णवृत्त छन्दों का प्रयोग किया है जिनमें चौपाई, दोहा, सोरठा, हरिगीतिका, तोमर, चिमैनी और चौपैया, अनुष्टूप इनद्रवज्रा, मोरक, मालिनि, वसनत तिलक, शाईल, नगस्व रूपिणि का प्रयोग अधिक हुआ है।

उपर्युक्त विवरण से स्पष्ट है कि जो विशेषतायें मेरे प्रिय काव्य 'रामचरितमानस' में हैं, वे अन्य किसी काव्य में दिखायी नहीं देती हैं। जैसा मार्गदर्शन 'रामचरितमानस' करता है, वैसा अन्य काव्य में नहीं। यही कारण है कि रामचरित मानस जगत् प्रिय काव्य रचना है।

24

सादा जीवन उच्च विचार

सम्पूर्ण विश्व के लिए सादा जीवन और उच्च विचार एक महान् उक्ति मानी जाती है। सादा जीवन का अर्थ है सीमित आवश्यकताएँ यदि सीमित आवश्यकताओं वाला व्यक्ति अनुचित कार्य करने का प्रयास करता है तो उसके विचारों में भी बदलाव आ जाता है। उसके पास अच्छी बात सोचने अथवा अच्छा कार्य करने के लिए समय ही नहीं रह जाता। मानव अपनी इच्छा की पूर्ति करने में रातदिन मेहनत करने में लगा हुआ है। उसके अन्दर स्वार्थपरता भ्रष्टाचार, भाई-भतीजावाद जैसे जघन्य अवगुण कूट-कूट कर भरे पड़े हैं। स्वार्थी व्यक्ति को अपना विकास ही अच्छा लगता है और यह सदैव अपने को ही देखता है। आज सर्वत्र जो भी लड़ाई-झगड़े दिखायी दे रहे हैं, इसका प्रमुख कारण किसी न किसी प्रकार एक-दूसरे से आगे निकल जाने की होड़ है इसी कारण सब जगह अशान्ति दिखायी दे रही है। जबकि महापुरुष ऐसा नहीं सोचते। उनका विचार आशावादी होता है वह विकास को प्राथमिकता देते हैं एवं सदैव जीवन में सादापन श्रेष्ठ विचारों को स्थान देते हैं। वे सोच-समझ कर कार्य करते हैं। उनके विचारों में स्वार्थपरता नाममात्र के लिए भी नहीं होती है। उनका सिद्धान्त होता है 'जिओ और जीने दो'। वे सदैव मानव के विकास की बात सोचते हैं। गांधी जी, ईश्वर चन्द्र विद्या सागर तथा अन्य महापुरुषों का जीवन और उनके विचार किसी से छिपे नहीं हैं। उनके आदर्श आज भी अनुकरणीय हैं।

सादा जीवन उच्च विचार वाले अपने जीवन हेतु सीमित साधनों का प्रयोग करते हैं, एवम् विचारों को श्रेष्ठता प्रदान कर सदा सुखी रहते हैं। उसके पास उद्देश्य से रहित सोचने का समय नहीं होता। अतः उनके विचारों में दुर्भावना नहीं रहती है। इस प्रकार के लोग हमेशा दूसरे के लिए योगदान व कार्य करते हैं। इस विचार के समर्थकों के लिए सबका कष्ट व दुःख उनका दुःख बन जाता हैं। टाल्सटॉय, गौतम बुद्ध, एवम् रवीन्द्रनाथ ठाकुर के जीवन को देखें तो, जिन्होंने इतने सम्पन्न होने के बावजूद भी सादगीपूर्ण जीवन व्यतीत किया। टालस्टाय ने अपने एक निबन्ध में लिखा है कि श्रम न करने वालों को रोटी खाने का अधिकार नहीं है। यह विचार एक धनी व्यक्ति के मन में कैसे आया? उत्तर है, केवल सादगी के कारण। मानव का हित इस प्रकार के विचारों से ही सम्भव है। इस प्रकार के व्यक्तियों के चरित्र स्वच्छ होते हैं। जो जीवन में विलासिता जैसे अनुचित साधनों को व्यवहार में नहीं लाता है तो उनके स्वतः उच्च विचार बन जाते हैं।

जो व्यक्ति अपने जीवन में अनुचित साधनों का प्रयोग करते हैं वे सादा जीवन व्यतीत करने वाले व्यक्ति के अपेक्षाकृत शक्तिहीन एवम् दुःखी होते हैं। उच्च विचार करने वालों की शक्ति अपार होती है। वे किसी के सामने कार्य का प्रदर्शन नहीं करते। उनके व्यवहार में लाभ दिखायी देता, जैसा कि महापुरुषों के उदाहरण से विदित होता है। महान् कार्य इसी प्रकार की उच्चता को महत्त्व देना बहुत आवश्यक है। अन्यथा मनुष्य संकुचित विचारों का ही रहता है। उसके पास सादगी के लिए समय नहीं होता है। उनकी इच्छा रहती है कि केवल आवश्यकता भर वस्तु मिल जाये अधिक नहीं।

सादा जीवन वाले मनुष्य पर लोभ मोह, माया तथा दुःख की छाया भी नहीं पड़ती है। इस व्यवहार से कठोर से कठोर प्राणी का हृदय बर्फ की तरह पिघल जाता हैं। कभी न कभी महान आदर्श वाले व्यक्ति के सामने झुकना ही पड़ता है। गांधी जी के विचारों के कारण ही देश में एक जागृति आयी और देश स्वाधीन हुआ। आज हमारे विचारों में उच्चता नहीं हैं व्यक्ति तड़क-भड़क और कृत्रिमता में विश्वास कर रहा हैं, इसी कारण उसकी विचार शक्ति भी क्षीण हो गयी है। दिनोंदिन मानव के विचारों में परिवर्तन आ रहा है। विघटनकारी शक्तियाँ प्रभावशाली हो रही हैं आतंकवाद, उग्रवाद, घोटाले जैसी समस्यायें निम्न-स्तर की विचार शक्ति का ही परिणाम है। हमारे देश के नेताओं में सादगी दिन-प्रतिदिन कम होती जा रही है। इसी कारण उनके विचार भी बदलते जा रहे हैं। आवश्यकता है पुनः सादगी लाने की, विचार शक्ति को सुदृढ़ बनाने की। इस विचार के आधार पर ही सर्वत्र विश्व में छायी हुई अशान्ति को दूर किया जा सकता है।

मानव का सम्पूर्ण व्यवहार व आचरण संगति का नतीजा होता है। आचरण संगति की देन है। संगति ही मानव को सुधार कर सकती है एवम् उसे दानव भी बना सकती है। संगति से व्यक्ति सुधर भी जाता है। अधिकांशतः यह देखा जाता है कि व्यक्ति अपने स्वभाव जैसे व्यक्ति का साथ करता है। विपरीत स्वभाव वाले से मेल नहीं खाता। कभी-कभी अपवाद भी पाया जाता है। परिणामतः गलत स्वभाव वाला व्यक्ति को अच्छे स्वभाव वाला व्यक्ति सुधारने का प्रयास करता है। बहुत कम दुष्ट व्यक्ति होते हैं जो सज्जन के पास जाकर सुधरते हैं। मानव समाज में जन्म लेता है, समाज में निवास करता है और समाज में मृत्यु को प्राप्त होता है। अतः संगति में उमंग स्वाभाविक है। व्यक्ति को हमेशा प्रारम्भ से ही अच्छे आचरण एवम् स्वभाव वाले व्यक्ति की संगति करनी चाहिए क्योंकि बचपन में ही दुर्गुणता के नींव पड़ेंगे तो स्वाभाविक है कि आगे चलकर अच्छे मनुष्य बनने में कठिनाई होगी। दुर्जन शब्द से ही स्पष्ट है कि दुर्जन व्यक्ति में दुर्गुण ही होते हैं। सज्जन व्यक्ति सदैव दूसरों को सुखी देखने का प्रयास करते हैं। इसके विपरीत दुर्जन व्यक्ति का काम दूसरों को दुःख पहुँचाने का रहता है। वे अपने अभिमान में किसी को कुछ नहीं समझते।

अच्छे विचार व आचरण वाले व्यक्ति का प्रभाव अन्य व्यक्ति पर कुछ न कुछ अवश्य पड़ता है। उदाहरण के लिए तेल बेचने वाले से तेल न लेने पर भी कुछ न कुछ सुगन्ध तो अवश्य ही आती है। उसी प्रकार गंगा जल में मिलकर नाले का पानी भी पवित्र हो जाता

है। काँच भी सोने के गहनों के साथ गुँथ कर चमक प्राप्त कर ही लेता है। अच्छा जल गन्दे जल में मिलकर अपनी पवित्रता खो बैठता है। धूम्र के अनेक रूप संगति के कारण ही होते हैं। धुआँ कहीं काला रंग धारण करता है, कहीं स्याही तो कहीं बादल कहा जाता है।

अच्छे आचरण वाला व्यक्ति कम ही समय में समाज के लिए आकर्षण का केन्द्र बन जाता है। वे बड़े से बड़े शत्रुओं को अपने सामने नतमस्तक करवा देते हैं। पल भर में अपनी दुष्टता छोड़ देता है। वाल्मीकि एवं डाकू खड़ग सिंह का उदाहरण विचारणीय है। साधु की छोटी शिक्षा ने खड़गसिंह का मन बदल दिया और घोड़ा लौटा दिया, वाल्मीकि मरा, मरा जपकर उच्चकोटि के व्यास बन गये। संगति हेतु यह दृष्टान्त उत्कृष्ट प्रतीत होता है। उदाहरण के लिए हम चन्दन का वृक्ष और सर्प को लेते हैं। सर्प चन्दन के वृक्ष से लिपटे रहते हैं परन्तु इनके विष का चन्दन के वृक्ष पर कोई प्रभाव नहीं पड़ता।

यह सीधी सी बात है कि कोई व्यक्ति शराबी की संगति मे पड़ेगा तो वह शराबी ही बनेगा। ठीक उसी प्रकार सज्जन व्यक्ति के साथ संगति करने पर व्यक्ति बेहतर एवम् सुंदर बनेगा। इसी प्रकार सज्जन के साथ रहने से सज्जन कहे जाओगे। सज्जन के साथ रहने से स्वभाव सज्जन ही रहेगा। सज्जन की संगति करने वाला यदि थोड़ा बहुत गलत होता है, तो उसके प्रभाव में आकर सज्जन बन ही जाता है। कई बार ऐसा देखने में आता है कि सज्जन और दुर्जन के साथ-साथ रहने से सज्जन पुरुष दुर्जन के मन को ही बदल देते हैं।

मनुष्य के लिए सत्संगति सदा सुखदायी होती है एवम् कुसंगति सदा दुःख देने वाली होती हैं। सत्संगति तत्काल लाभ पहुँचाती है तो ठीक दूसरी ओर कुसंगति शीघ्रता से दुःख पहुँचाती है।

सत्संगति से कभी हानि नहीं होती। वह तो सब प्रकार से लाभकारी सिद्ध होती है। सत्संगति बहुत अद्‌भुत है। सत्संगति के प्रभाव से स्वभाव में परिवर्तन स्वाभाविक है। सबसे अधिक संतोष प्राप्त करने का एक मात्र रास्ता सत्संग ही है। सत्संगति अंधेरे को मिटाती है एवम् मानव प्रकाश की ओर अग्रसर होता है। अतः स्पष्ट है कि हमें सदैव अच्छे व्यक्ति का साथ करना चाहिए। भूलकर भी गलत व्यक्तियों का साथ नहीं करना चाहिए।

25

साम्प्रदायिकता और राजनीति

अभिप्राय : एक धर्म के लोग दूसरे धर्मों के लोगों से अपने को अधिक श्रेष्ठ समझते हैं और अन्य धर्मों का दुष्प्रचार करते हैं। समस्त संसाधनों और सुविधाओं को अपने तक ही सीमित कर लेना चाहते हैं, दूसरों के प्रति असहिष्णु हो जाते हैं, तो यही मनोवृत्ति साम्प्रदायिकता कहलाती है, सह संकीर्णता और विद्वेष को जन्म देती हैं जो अनेक बार विनाशकारी संघर्ष के रूप में फूट पड़ती हैं। और लूट-पाट, आगजनी, मार-काट और नरसंहार होता है, सैकड़ों-हजारों की संख्या में लोग बेघर हो जाते हैं, अनेक प्रकार की घिनौनी घटनाएँ घटित होती हैं जो किसी भी धर्म या जाति के लिए शर्मनाक होती हैं। यह सब कुछ साम्प्रदायिक मनोवृत्ति के कारण होता है।

पुरानी जड़ें : साम्प्रदायिकता की घटना प्रायः धर्म एवं जाति बहुल क्षेत्रों में होती रहती है। जरूरी नहीं कि अलग-अलग धर्मों के लोगों के बीच ही साम्प्रदायिक संघर्ष होता हो, एक ही धर्म के अलग-अलग सम्प्रदायों के बीच भी इस प्रकार के संघर्ष होते रहते हैं। भारत धर्म-बहुल और जाति-बहुल देश है। संसार के सब धर्मों के मानने वाले एक अरब से अधिक लोग इस देश में बसते हैं। इसलिए इस तरह के दंगे-फसाद भी यहाँ सबसे ज्यादा होते हैं। राजनीति के सन्दर्भ में साम्प्रदायिकता की मनोवृत्ति इस देश में कोई नई बात नहीं। इसकी जड़ें सदियों पुरानी हैं। यद्यपि समय-समय पर कबीर, दादू, बुल्लेशाह, निजामुद्दीन, गुरुनानक ने साम्प्रदायिक सद्भाव हेतु कोशिश किये हैं लेकिन यह हैवानियत उनका खून पीकर भी कम नहीं हो सकी।

आधुनिक रूप : वर्तमान समय में यदि संप्रदायवाद को ध्यान दिया जाये तो साम्प्रदायिकता को राजनीति के साथ जोड़ने का प्रयास अंग्रेजों की साम्राज्यवादी नीति के अधीन हुआ। उन्होंने 'फूट डालो और राज्य करो' की नीति के अधीन हिन्दू-मुसलमान साम्प्रदायिकता को खूब भड़काया जिसके परिणामस्वरूप देश का विभाजन और पाकिस्तान नाम का नया देश अस्तित्व में आया। उस समय साम्प्रदायिकता मनोवृत्ति के जो परिणाम देखने को मिले वह दुनिया के इतिहास में सबसे भयानक, विनाशकारी और लज्जाजनक घटनाओं के रूप में स्मृति में शेष है।

सन् 1947 में भारत का बँटवारा कांग्रेस ने अपनी अवसरवादी राजनीति के अन्तर्गत स्वीकारा था और उसके बाद 40 वर्ष तक देश का सत्ता-संचालन करती रही। कहने को

'साम्प्रदायिकता हमारी आजादी को खत्म कर देगी' की आवाज बड़े जोर-शोर से उठती रही, लेकिन अल्पसंख्यकों की सुरक्षा के नाम पर तुष्टीकरण की नीति अपनाते हुए मुस्लिम वोट बैंक को अपने साथ बनाये रखने की कोशिश बराबर करती रही। राजनीतिक लाभ के लिए मुस्लिम लीग जैसी साम्प्रदायिक पार्टियों के साथ चुनावी समझौते और सत्ता की साझेदारी से उसने गुरेज नहीं किया।

कांग्रेस की उपर्युक्त राजनीति ने हिन्दू समाज में असन्तोष पैदा किया और धीरे-धीरे यह असन्तोष तीव्र से तीव्रतर होता चला गया। लोगों के मानसिक पिछड़ेपन का ध्रुवीकरण साम्प्रदायिकता के इर्द-गिर्द होता रहा। धार्मिक समुदायों में कटुता बढ़ती गयी। केन्द्रीय सत्ता पर विराजमान कांग्रेस ने पंजाब में भिंडरावाला और दूसरे सिक्ख आतंकवादियों, महाराष्ट्र में शिवसेना और केरल में मुस्लिम लीग तथा केरल कांग्रेस जैसे साम्प्रदायिक संगठनों को प्रोत्साहन दिया। इसी रुख के चलते शाहबानो, बाबरी मस्जिद बनाम राम जन्म भूमि जैसी समस्याएँ आती गयी और इन सभी मामलों पर सरकार का रवैया प्रायः साम्प्रदायिक और प्रतिगामी शक्तियों के सामने घुटने टेकने का रहा। परिणामस्वरूप एक ओर आपरेशन ब्लूस्टार की स्थिति आयी, जिससे सिक्खों की महत्ता आहत हुई जिसकी भीषण परिणति प्रधानमंत्री इन्दिरा गांधी की हत्या और उसके साथ फैले भयानक दंगों के रूप में सामने आई। राम जन्म भूमि के प्रश्न और अयोध्या में मन्दिर निर्माण के अतिरिक्त मथुरा आदि में राजनीतिक अस्थिरता का दौर शुरू हुआ और छः-छः महीने या साल के अन्तराल के बाद प्रधानमंत्री और सरकारें बदलती रही। चन्द्रास्वामी जैसे लोगों का नकाब उतर गया तथा विश्व हिन्दू परिषद् तथा बजरंग दल का प्रभाव बढ़ गया।

ऊपर की स्थितियों का लाभ भारतीय जनता पार्टी ने उठाया। पिछले चुनावों में उसे स्पष्ट बहुमत तो नहीं मिला, लेकिन कांग्रेस का वर्चस्व समाप्त हो गया। देश की अनेक छोटी-छोटी 24 पार्टियों के सबसे बड़े घटक दल के रूप में उसे केन्द्रीय सत्ता पर अधिकार करने में सफलता मिली। चाहे सरकार के शिखरपुरुष और उपप्रधानमंत्री लालकृष्ण आडवाणी सहित अन्य प्रमुख मंत्रियों पर साम्प्रदायिकता भड़काने के मुकदमे चल रहे हों, जिस देश का समाजवादी दल मुसलमानों की किसी बात के औचित्य-अनौचित्य पर विचार किये बिना उसकी हर बात की वकालत करता हो, उस देश में संघ परिवार पर निर्भर करने वाली सरकार यदि तोगड़िया की सुप्रीम कोर्ट के उल्लंघन की घोषणा पर चुप्पी साध ले तो आश्चर्य नहीं होना चाहिए। जिस देश में राष्ट्रपति और प्रधानमंत्री से लेकर विरोध पक्ष के नेता तक धर्म गुरुओं, तांत्रिकों, और इमामों के आगे हाथ जोड़कर खड़े रहते हों, यहाँ की साम्प्रदायिक राजनीति खत्म होना बड़ा मुश्किल है।

साम्राज्यवादी षड्यंत्र : इस समस्या में अनेक साम्राज्यवादी शक्तियों का हाथ होना साफ-साफ झलकता है। अमेरिका और ब्रिटेन आदि देशों द्वारा अपने स्वार्थ के लिए इस प्रकार की प्रवृत्तियों और ताकतों को बढ़ावा दिया जा रहा है, निःसन्देह गुजरात में गोधरा कांड की जो प्रतिक्रिया हुई, वह शर्मनाक है। 1947 के बाद गुजरात के दंगे को देश का

सबसे बड़ा दंगा साम्प्रदायिक दंगा कहा जाता है, लेकिन उसके बाद पाकिस्तानी आत्मघाती दस्तों के द्वारा जो कुछ किया गया, उसको लेकर संयम बरतने की सलाह दी जाती है। परिणामस्वरूप गुजरात में हिन्दुत्व को ही चुनावी मुद्दा बनाकर असेम्बली चुनाव जीता गया। कश्मीर में पंडित परिवारों की सामूहिक हत्या के तुरन्त बाद अमेरिका द्वारा पाकिस्तान पर से सब प्रतिबन्ध हटा लेना और उसे अरबों डालर की सहायता देना इसका प्रत्यक्ष प्रमाण है। एक राष्ट्र के रूप में यूगोस्लाविया की समाप्ति, शिया-सुन्नी और कुर्दों को मोहरा बनाकर इराक की तबाही इसका ताजा-तरीन उदाहरण हैं। ऐसी हालत में जब इस देश का हर आदमी धर्म-सम्प्रदाय से ऊपर उठकर सामूहिक हित की बात सोचने के लायक नहीं बन जाता, तब तक इस प्रकार के खतरों की संभावना हमेशा बनी रहेगी।

26

इक्कीसवीं सदी का भारत

आज विश्व में सभ्यता व संस्कृति, कला, वीरता व साहस के क्षेत्र में हमारा देश भारत जगत् गुरु अर्थात् विश्व गुरु का स्थान ग्रहण कर चुका है। मानव एक सामाजिक एवं बुद्धिजीवी प्राणी है जो सदैव एक ही प्रकार के वातावरण व माहौल में वास नहीं कर सकता है। वह जीवन में किसी न किसी रूप में लगातार परिवर्तन करता है। देखा जाये तो हर देश का भविष्य नवीनता के कारण ही उज्ज्वल बनता है। हमारा देश भी नवीनता और विकास की ओर बढ़ रहा है। भारत ने विकास की कई सीमाओं को पार कर लिया है। इसका भविष्य का रूप सुन्दर, स्वच्छ और आशानुरूप होगा। हमें इस पर गर्व है।

भारत का 20वीं सदी का इतिहास संघर्षों एवं परिवर्तनों का इतिहास रहा है। दो विश्व युद्ध हुये जिनमें मानव जीवन और धन, सम्पत्ति आदि का अपार विनाश हुआ। यद्यपि ये युद्ध यूरोप में लड़े गये, लेकिन दूसरा युद्ध भारत तक पहुँच गया था। ऐसे समय में भारत का बँटवारा एवं साम्प्रदायिक रक्त-रंजित नरसंहार दिखायी दिया। इसी समय में महात्मा गांधी जैसे अहिंसा के पुजारी की निर्मम हत्या की गयी। आतंकवाद एवं साम्प्रदायिक दंगें अपनी चरम सीमा पर पहुँच कर धन-जन की हानि कर रहे थे। निर्दोष लोगों का रक्त बहाया जा रहा था। इस प्रकार इस शताब्दी के अन्तिम समय तक प्रत्येक बच्चा प्रतिशोध, वेदना एवं विद्रोह के संस्कार लेकर आयेगा। इस प्रकार से सोचना न्याय संगत नहीं होगा। 21वीं सदी का भारत अच्छा, सुशील एवं सुन्दर होगा। कुरीतियों और अन्धविश्वासों का अन्त हो जायेगा। धार्मिक झगड़े, विद्रोह आदि का अन्त हो जायेगा। भारत को यदि आर्थिक नजरिये से देखा जाये तो यह स्पष्ट होगा कि भारत एक विकासशील राष्ट्र है परन्तु भारत अपने सीमित साधनों का समुचित ढंग से उपयोग करके 21वीं सदी में प्रयोग करने की उत्साह से तैयारी कर रहा है। इस सम्बन्ध में प्रगति के लिए पूर्व प्रधानमंत्री इन्दिरा गांधी, श्री राजीव गांधी ने उल्लेखनीय कार्य किये हैं। कम्प्यूटर एवं इलेक्ट्रॉनिक उपकरणों के सहारे भारत को 21 वीं सदी में प्रवेश कराने के लिए लगातार प्रयास करते रहें। भारत के भूतपूर्व प्रधानमंत्री अटल बिहारी वाजपेयी ने भी अपने प्रयासों से भारत के विकास को आगे बढ़ाने का प्रयास किया इस सन्दर्भ में उन्होंने जो योगदान और प्रयास किये वह काफी सराहना करने योग्य हैं।

आज भारत जिस रफ्तार से विकास के मार्ग पर अग्रसर हो रहा है उसके आधार पर हम यह कह सकते है कि 21वीं सदी में जातिवाद साम्प्रदायिकतावाद भ्रष्टाचार का नामोंनिशान नहीं रहेगा। भारत की नारियाँ अब हर क्षेत्र में अपने कदम आगे बढ़ा रही हैं। भारत की नारी दुर्गा के समान शक्तिशाली हैं। वह समय आने पर अपनी जान की भी बाजी लगा देती है। अब वह अपने ऊपर होने वाले जुल्म और अत्याचार का सामना करने में सक्षम है। अब भारत से अन्धविश्वास और कुरीतियों को खत्म करना होगा। इस सदी में भारत पूर्ण रूप से वैज्ञानिक युग में प्रवेश कर जायेगा। वह विज्ञान के क्षेत्र में इतनी उन्नति करेगा कि उसे दूसरे का मुँह न देखना पड़े। भारत का विज्ञान पश्चिमी देशों से अधिक उन्नत दशा का होगा। कम्प्यूटरों से मानव जीवन के हर क्षेत्र में क्रान्ति आ जायेगी। हमारा देश समय को अपने वश में कर लेगा एवम् अपने अनुसार परिवेश को तीव्रगति से बदलेगा।

वर्तमान शिक्षा प्रणाली में सिद्धान्तों की बाहुल्यता है लेकिन 21 वीं सदी में शिक्षा से भारत में ऐसे मानवों का विकास होगा जिनका व्यक्तित्व पूर्ण विकसित होगा। शिक्षा व्यवस्था का लक्ष्य देश के विकास में योग देने के लिए स्वतन्त्र नागरिक बनाना होगा। विद्यार्थी निर्माणपरक सार्थक उपयोगी शिक्षा ग्रहण कर सकेंगे। शिक्षा प्रत्येक क्षेत्र में विकास करेगी।

21वीं सदी में आतंकवाद भ्रष्टाचार, राजनीतिक अपराधीकरण इत्यादि बीमारियाँ समाप्त हो जायेंगी। राजनीतिक दलों का अजायबघर खत्म हो जायेगा। देश में केवल दो या तीन ही राजनीतिक दल होंगे। 21वीं सदी में राजनीति धर्म से अलग होगी। जब हमारा देश राजनीति में समृद्ध होगा तो हमारी गिनती विश्व की महान शक्तियों में होगी। हमारे देश के राजनेता सच्चे एवम् ईमानदार होंगे।

यदि यह कहा जाये कि 20वीं सदी में कोई खास उन्नति का विकास नहीं हुआ है, बिल्कुल नकारात्मक दृष्टिकोण होगा। यह बात सही है कि इस सदी में भारत को कई युद्ध लड़ने पड़े जिससे भारत का विकास बाधित हुआ है। लेकिन भारत ने कई देशों के साथ अच्छे सम्बन्ध स्थापित किये हैं। भारत जैसे विकासशील देश में आज शिक्षा का स्तर भी बहुत अच्छा हो गया है। आज हर क्षेत्र में व्यक्ति अपनी अच्छी ख्याति बना रहा है। 21वीं सदी का भारत एक अच्छा राष्ट्र बनेगा।

इस सदी के 30-40 वर्षों में भारत कृषि क्षेत्र में आत्मनिर्भर हो जायेगा। इस अगले दशक में हम निर्यात करने लगेंगे। उद्योगों के क्षेत्र में हम विश्व के सभी देशों से सर्वोच्च स्थान बनायेंगे। वर्तमान में हम आयात की हुई तकनीकों का प्रयोग कर रहे हैं। लेकिन 21वीं सदी तक हम अन्य देशों की तकनीक निर्यात करेंगे। रहने की समस्या हल हो जायेगी। देश के जीवन में परिवार नियोजन एक परिवेश को जन्म देगा। ग्रामीण जीवन का विकास होगा।

21वीं सदी का भारत सही मायने में सपनों का भारत होगा। उनका सामाजिक, आर्थिक, राजनीतिक, सांस्कृतिक, वैज्ञानिक रूप स्वच्छ और सुन्दर होगा। देशवासियों को चाहिए कि सब मिलकर इक्कीसवीं सदी का स्वागत करें और अपने काम में जुट जायें।

27

मानव जीवन की प्रगति में कम्प्यूटर का महत्त्व

आधुनिक युग में कम्प्यूटर का प्रयोग सर्वाधिक हो रहा है। ऐसा लगता है कि भविष्य में मनुष्य हाथ-पर-हाथ धरे बैठे रहेंगे तथा सभी कार्य कम्प्यूटर द्वारा संचालित होंगे। कल-कारखानों, व्यापारिक संस्थानों, उत्पादन केंद्रो, चिकित्सालयों आदि में सभी जगह कम्प्यूटर की महिमा दिखायी पड़ती है। रेलवे स्टेशन पर कम्प्यूटर के बिना टिकट बुक नहीं होता। बैंकों में कम्प्यूटर के बिना कोई काम नहीं होता। पिछले दिनों प्रसिद्ध खिलाड़ी कास्पारोव ने कम्प्यूटर से शतरंज की बाजियाँ खेली थीं। कम्प्यूटर वास्तव में आज की सर्वाधिक महत्त्वपूर्ण आवश्यकता है।

भारतीय वैज्ञानिकों ने अब तो सुपर कम्प्यूटर का निर्माण कर लिया है। वर्तमान समय में देश के विकास के लिए परमाणु टेक्नोलॉजी की अपेक्षा सुपर कम्प्यूटर का महत्त्व अधिक है। सुपर कम्प्यूटर 'परम-1000' एक सेकंड में एक खरब गणितीय गणनाएँ कर सकता है। इससे मौसम विज्ञान, भूकम्प विज्ञान से सम्बन्धित पूर्वानुमान लगाने, तेल एवं प्राकृतिक गैस के भण्डारों का पता लगाने, दूर संवेदी आकलन करने, अस्पतालों एवं चिकित्सा से सम्बन्धित नवीनतम जानकारी तथा भौगोलिक सूचनाओं से सम्बन्धित जानकारी मिलेगी। इसके साथ सामरिक क्षेत्र में भी भारत लंबी छलांग लगा सकता है। इस कम्प्यूटर के निर्माण से हम आत्मनिर्भरता के युग में प्रवेश कर सकते हैं। सुपर कम्प्यूटर के कारण हमें 6.5 खरब डालर का बाजार मिल सकता है।

भविष्य में ऐसी संभावना व्यक्त की जा रही है कि लड़ाई सेना के द्वारा नहीं अपितु वैज्ञानिकों द्वारा कम्प्यूटर पर लड़े जायेंगे। नवभारत टाइम्स के संवाददाता श्री रंजीत कुमार के शब्दों में भारतीय थलसैनिक अधिकारियों को आशंका है कि विकसित देशों की तरह भारत जब पूरी तरह सूचना तकनीक पर निर्भर हो जायेगा तो कोई शत्रु देश या आतंकवादी गुट कम्प्यूटरीकृत व्यवस्था को ध्वस्त करने के लिए आक्रमण कर सकता है।

इस तरह बैंकिंग तथा आर्थिक आदान प्रदान कम्प्यूटरों से बाधित किया जा सकता है। प्रमुख शहरों और रेलवे यातायात प्रणाली के कम्प्यूटर तन्त्र को ध्वस्त किया जा सकता है। विमानों के उड़ान पथ से भटकाव पैदा कर दुर्घटनाएँ करवाई जा सकती हैं एक थल सैनिक अधिकारी के अनुसार भविष्य में किसी देश को तहस-नहस करने के लिए टैंकों, लड़ाकू

विमानों, तोपों और मिसाइलों की जरूरत नहीं पड़ेगी बल्कि राष्ट्रीय सूचना ढाँचा (एन.आई. आई.) पर ही कम्प्यूटरी आक्रमण करवा कर यह उद्देश्य प्राप्त किया जा सकता है।

कम्प्यूटर का उपयोग दिनोंदिन वैज्ञानिक एवं व्यावसायिक गतिविधियों के क्षेत्र में प्रायः वृद्धि हो रही है, परन्तु मानव-मस्तिष्क में जो चेतना, ज्ञान, इच्छा और कर्म की शृंखला है, उसे पाना कम्प्यूटर के वश की बात नहीं। मानव जीवन को सुख-सुविधापूर्ण बनाने के लिए कम्प्यूटर में असीमित सम्भावनाएँ है। इस प्रकार यह कहा जा सकता है कि कोई भी ऐसा क्षेत्र बचा हुआ नहीं है जहाँ कम्प्यूटर व्यवहार में न लाया जा रहा हो।

28

अन्तरिक्ष विज्ञान और भारत

विश्व के सम्पूर्ण राष्ट्रों में भारत एक ऐसा राष्ट्र है जो देश की उन्नति एवं विकास में स्पेश टेक्नोलॉजी की उपयोगिता को भली-भाँति पहचानता है। अन्तरिक्ष कार्यक्रम की शुरुआत के बाद इन तीन दशकों में भारत ने इस क्षेत्र में जबरदस्त सफलता हासिल की है। इंडियन नेशनल सैटेलाइट (इनसैट) और इंडियन रिमोट सेंसिंग (आई.आर.एस.) सैटेलाइट विकसित कर इस दिशा में महत्त्वपूर्ण उपलब्धि हासिल हुई है। देश ने अपने बल पर सैटेलाइट लांच करने में भी सफलता हासिल की है। यहाँ तक कि इस क्षेत्र में भारत कई विकसित देशों से भी आगे निकल गया है।

सन् 1975-76 के मध्य ही भारत ने विश्व में सबसे विशाल सैटेलाइट इंस्ट्रक्शनल टेलीविजन एक्सपेरिमेंट (एस.आई.टी.ई) लांच किया था, जब अमेरिका सैटेलाइट ए.टी. एस-6 के जरिए देश के ढाई हजार से भी ज्यादा गाँवों में स्वास्थ्य, परिवार नियोजन और कृषि आदि विषयों पर शिक्षाप्रद कार्यक्रमों की शुरुआत की गयी थी। फिर 1977-79 के दौरान सैटेलाइट टेलीकम्युनिकेशन एक्सपेरिमेंटल प्रोजेक्ट (एस.टी.ई.वी.) चलाया गया। इन अनुभवों के आधार पर ही 1983 में इनसेट सिस्टम की स्थापना सम्भव हो सकी और आज यह दुनिया के सबसे बड़े घरेलू संचार सैटेलाइट सिस्टमों में से एक है। इनसैट ने दूरसंचार, टेलीविजन, ब्रॉडकास्टिंग, मौसम विज्ञान और खतरे की चेतावनी देने वाली सेवाओं के क्षेत्र में एक नई क्रान्ति ला दी। इसके जरिए सैकड़ों अर्थ स्टेशनों को जोड़ने में मदद मिल सकी, वे भी जो देश के दूरदराज के क्षेत्रों और द्वीपों में स्थित थे। भारत में आज टी.वी. की पहुँच 80 प्रतिशत आबादी तक है।

इनसैट का उपयोग मात्र टी.वी. दूरसंचार तथा मौसम की जानकारियों के लिए ही नहीं बल्कि इसके माध्यम से जमीनी स्तर पर शिक्षाप्रद कार्यक्रमों के प्रसारण और इंटरैक्टिव ट्रेनिंग में भी मदद मिल रही है। कई राज्य सरकारों और एजेंसियों ने आज इसका इस्तेमाल शिक्षा, उद्योगों में काम करने वाले कर्मचारियों के लिए इंस्टीट्यूशनल ट्रेनिंग, सामाजिक कल्याण कार्यक्रमों के प्रशिक्षण के लिए किया है।

नवम्बर सन् 1996 में झाबुआ डेवलपमेन्ट कम्युनिकेशन प्रोजेक्ट का प्रारम्भ मध्य प्रदेश में किया गया है। जिसके तहत इनसैट की तकनीक का इस्तेमाल कर आदिवासी लोगों के

लिए स्वास्थ्य, सफाई, परिवार नियोजन और महिला अधिकारों आदि विषयों पर शिक्षाप्रद कार्यक्रम चलाये जा रहे हैं। टेलीमेडिसन भी एक ऐसा क्षेत्र है जिसमें इनसैट के जरिए शहरों में बैठे डॉक्टर दूरदराज के ग्रामीण इलाकों में बैठे लोगों को डॉक्टरी सलाह दे सकते हैं।

उदाहरण के लिए 'अंडमान एंड निकोबार टेलीमेडिसन प्रोजेक्ट' की शुरुआत 3 जुलाई 2002 को हुई, जिसके तहत पोर्ट ब्लेयर स्थित जी.बी.पंत अस्पताल को चेन्नई के श्री रामचन्द्र मेडिकल कॉलेज एंड रिसर्च इंस्टीट्यूट से जोड़ दिया गया। इसके अलावा चेन्नई-श्रीहरिकोटा, बेंगलुरु-चामराजनगर-सरगूर, कोलकाता-बेंगलुरु-दक्षिणी तथा त्रिपुरा नई दिल्ली-लेह-गुवाहाटी, कोची-कवाराती और लखनऊ-कटक-बेहरामपुर-कुर्ला के मध्य भी यह तकनीक प्रारम्भ की गयी।

इनसैट का विस्तृत पैमाने पर दूरसंचार जगत् में किया जा रहा है। साथ ही मौसम विज्ञान के क्षेत्र में भी यह काफी मददगार साबित हुआ है। इसके जरिए चक्रवात की पूर्व सूचना मिल जाने से तटीय इलाकों में रहने वाले लोगों और मछुआरों को पहले ही सतर्क कर दिया जाता है। इनसैट सैटेलाइट की संख्या बढ़ाए जाने की बढ़ती माँग को देखते हुए अब दूरसंचार और मौसम विज्ञान के लिए अलग-अलग सैटेलाइट छोड़ना जरूरी हो गया है। जल्द ही छोड़ा जाने वाला मेटसैट इस तरह का पहला सैटेलाइट होगा जो भारत के अपने पी.एस.एल.वी. के जरिए छोड़ा जायेगा। 70 के दशक के अन्त में और 80 के दशक की शुरुआत में भास्कर-1 और भास्कर-2 सैटेलाइट छोड़े गये। रिमोट सेंसिंग सैटेलाइट के क्षेत्र में भारत का आज अग्रणी स्थान है। आई.आर.एस. सैटेलाइट के जरिए देश की प्रमुख फसलों के उत्पादन, वनों के सर्वेक्षण, सूखे की भविष्यवाणी, बाढ़ के खतरों जैसे कई महत्त्वपूर्ण क्षेत्रों में मदद ली जा रही है।

चाँद पर जाने की अपनी महत्त्वाकांक्षा योजना की पूर्ति करने लिए भारत के अन्तरिक्ष वैज्ञानिक पूर्ण रूप से प्रयास कर रहे हैं। हालाँकि यह योजना नई नहीं है। इस दिशा में प्रारम्भिक तैयारी पूरी की जा चुकी है। भारतीय अन्तरिक्ष शोध संस्थान (इसरो) ने सरकार को एक रिपोर्ट भेजी है जिसमें दावा किया गया है कि वैज्ञानिकों ने तकनीकी क्षमता हासिल कर ली है। रिपोर्ट में कहा गया है कि इसरो वर्ष 2007 तक चाँद पर मानवरहित अभियान करने में पूरी तरह से तैयार हो जायेगा।

इस सम्पूर्ण योजना पर 8.25 करोड़ डालर व्यय होने की उम्मीद है। गौरतलब है कि अब तक सिर्फ तीन देशों ने चाँद का अभियान दल भेजा है इनमें अमेरिका, रूस और जापान शामिल है। मुख्य बात यह है कि भारत अन्तरिक्ष विज्ञान में अपनी उपलब्धियों की बदौलत आज विकसित देशों की कतार में खड़ा है। सैटेलाइट प्रक्षेपण में भी भारत ने आत्मनिर्भरता हासिल कर ली है।

इसरो प्रक्षेपण में इस्तेमाल किये जाने वाले रॉकेट को भी अपग्रेड करने में काम कर रहा है। चाँद पर भेजे जाने वाले इस अभियान के लिए पोलर सैटेलाइट लांच वीअकल (पी.एस. एल.वी.) को भी अपग्रेड किया जा रहा है। इसरो द्वारा इस प्रोजेक्ट के लिए गठित टास्क

फोर्स के एक वरिष्ठ अधिकारी के अनुसार, 'भारत ने तकनीकी क्षमता हासिल कर ली है।'

आज हमारा देश भारत चाँद पर सैटेलाइट पहुँचाने की परिस्थिति में पहुँचे ताकि वैज्ञानिक विश्लेषण को पूरा किया जा सके। गौरतलब है कि भारतीय अन्तरिक्ष प्रोग्राम 1972 से ही चलाये जा रहे हैं, लेकिन अन्तरिक्ष में काफी अन्दर जाने का यह पहला भारतीय अभियान होगा। अब तक अन्तरिक्ष में सैटेलाइट भेजने का मकसद सूचना और मौसम की जानकारी हासिल करने तक ही सीमित था। भारत के इस महत्त्वाकांक्षी अभियान की दबी आवाज में आलोचना भी हो रही है। आलोचकों का कहना है कि इस अभियान का वैज्ञानिक लाभ काफी सीमित है और सिर्फ देश की प्रतिष्ठा को ऊँचा करने के लिए करोड़ों रुपये का व्यय किया जा रहा है।

सुरक्षा विशेषज्ञों की अवधारणा के आधार पर इस प्रक्षेपण या अभियान में रॉकेट प्रौद्योगिकी में जो उन्नति होगी उसका इंटरकॉन्टीनेंटल बैलिस्टिक मिसाइलों के प्रक्षेपण में प्रभावी इस्तेमाल किया जा सकता है। इसरो का यह भी कहना है कि पड़ोसी चीन भी अन्तरिक्ष में मानव दल भेजने की तैयारी कर रहा है। ऐसे में भारत के इस अभियान की सफलता का महत्त्व और भी बढ़ गया है।

29

वन एवं पर्यावरण

पर्यावरण एवं वन दोनों में गहरा सम्बन्ध है। प्रकृति का संतुलन रखने के लिए धरती के 33 प्रतिशत भाग पर वनों का होना आवश्यक है। ये वन नमी को अपने भीतर सुरक्षित रखते हैं। इससे वे सारे जगत् को फल-फूल, हरियाली और सुखद शीतलता प्रदान करते हैं। वन जीवनदायक हैं और वर्षा लाने में मददगार हैं।

धरती की उपजाऊ-शक्ति को बढ़ाते हैं। वन ही वर्षा के जल को अपने भीतर सोखकर बाढ़ का खतरा रोकते हैं। यही रुका हुआ जल धीरे-धीरे सारे पर्यावरण में पुनः चला जाता है। वनों की कृपा से ही भूमि का कटाव रुकता है। सूखा कम पड़ता है और रेगिस्तान का फैलाव रुकता है।

वर्तमान समय में हमारे समक्ष प्रमुख समस्या पर्यावरण प्रदूषण की है। जिससे बचने का अचूक उपाय है वन-संरक्षण। वन हमारे द्वारा छोड़ी गयी, कार्बन डाइऑक्साइड को भोजन के रूप में लेते हैं और बदले में हमें जीवनदायी ऑक्सीजन प्रदान करते हैं। आज शहरों में लगातार ध्वनि-प्रदूषण बढ़ रहा है। वन और वृक्ष ध्वनि-प्रदूषण भी रोकते हैं। परमाणु ऊर्जा के खतरे को, अत्यधिक ताप को रोकने का सशक्त उपाय भी वनों के पास हैं। सच तो यह है कि वन-विहीन सृष्टि की कल्पना ही नहीं की जा सकती।

वन ही नदियों, झरनों और अन्य प्राकृतिक जल-स्रोतों के भण्डार हैं। इनमें ऐसी दुर्लभ वनस्पतियाँ सुरक्षित रहती हैं जो सारे जग को स्वास्थ्य प्रदान करती हैं। गंगा-जल की पवित्रता का कारण उसमें मिली वन्य-औषधियाँ ही हैं। इसके अतिरिक्त वन हमें लकड़ी फूल-पत्ती, खाद्य-पदार्थ, गोंद तथा अन्य सामान प्रदान करते हैं जिनके बिना जीवन का रूप कुछ और होता। वन हमारे लिए वरदान हैं। दुर्भाग्य से भारतवर्ष में आज केवल 23 प्रतिशत वन रह गये हैं। अन्धाधुंध कटाई के कारण यह स्थिति उत्पन्न हुई है। वनों का संतुलन बनाये रखने के लिए 10 प्रतिशत वनों की आवश्यकता है। जैसे-जैसे उद्योगों की संख्या बढ़ती जा रही है, वाहन बढ़ते जा रहे हैं, वैसे वनों की आवश्यकता और अधिक बढ़ती जा रही है। जैसा कि हम सभी जानते है कि वन हमारे जीवन के लिए काफी महत्त्वपूर्ण है। फिर भी हम सभी लोग वन विनाश में लगे हुए हैं। वनों के विनाश में जहाँ जीव-जन्तुओं में कमी आती है वहाँ पर वन-संरक्षण कठिन परन्तु महत्त्वपूर्ण कार्य है। इसके लिए हर एक व्यक्ति को बढ़-चढ़कर अपना योगदान देना पड़ेगा। सब जगह पेड़ लगाकर ही हम वन-संरक्षण की दिशा में सार्थक कदम उठा सकते हैं।

30

विज्ञान : वरदान या अभिशाप

विज्ञान अपने आप में न तो वरदान है और न ही अभिशाप। विज्ञान, वरदान या अभिशाप उसके अनुप्रयोग के आधार पर बनता है।

विज्ञान में जहाँ मानव-जीवन को सुखी बनाने की असीम शक्ति विद्यमान है, वहाँ कभी-कभी विज्ञान को विनाश की लीला करते हुए भी देखा जाता है। एक ओर तो घरों में बिजली के पंखे, रेडियो, टेलीविजन, कम्प्यूटर और तमाम आविष्कारों ने मानव के जीवन को सुखी बना रखा है और दूसरी और आकाश में घरघराते वायुयान बमों की वर्षा कर पलभर में इन शान्तिमय घरों को श्मशान में परिवर्तित कर देते हैं। द्वितीय महायुद्ध में जापान के नागासाकी और हिरोशिमा नगरों में अमेरिकन बमबारी ने परमाणु बम फेंककर नगरों को नष्ट-भ्रष्ट कर दिया था। इसलिए एक ओर मानव जीवन के विकास में सहायता देने के कारण विज्ञान वरदान है तो दूसरी ओर विनाशक लीला के कारण अभिशाप भी सिद्ध हो रहा है। विज्ञान ने मानव जीवन के स्तर को भी बहुत ऊँचा उठा दिया है जो मानव के खान-पान, कपड़े, यातायात के साधनों एव भवनों के निर्माण सब जगह दृष्टिगोचर होते है।

विज्ञान की शक्ति की परीक्षा की जाये तो निश्चित रूप से विज्ञान के दोनों ही पक्ष सामने आते हैं। विज्ञान वास्तव में ज्ञान की वस्तुओं के विश्लेषण करने की बुद्धि का विकास करता है। एक कवि के लिए पुष्प जीवन का सुन्दर रूप है। उनकी हर पंखुड़ी कवि को सुन्दर लगती है। वह हाथ में लेकर उसके सौन्दर्य को परखता है परन्तु जब वही फूल वैज्ञानिक के हाथ जा पड़ता है तो वह उसकी एक-एक पत्ती को अलग-अलग करके देखता है। बस यही स्थिति विज्ञान के वरदान और अभिशाप को स्पष्ट करती है। जब वैज्ञानिक पुष्प की स्थिति को समझकर उससे उपयोगी पदार्थ मानव-हित के लिए बनाता है तब विज्ञान मानव के लिए वरदान बन जाता है। जब उसी से जहर का निर्माण किया जाता है तो उसके लिए अभिशाप हो जाता है।

उसी प्रकार जब विस्फोटकों का प्रयोग चट्टानों को तोड़कर नदियाँ बनाने के लिए किया जाय तो वह वरदान सिद्ध हो सकता है और जब उसी विस्फोटक का प्रयोग मानव बमों के रूप में होता है तो वह अभिशाप बन जाता है। जिस देश के लोगों की वह रक्षा करता है, उनके लिए तो वह वरदान है परन्तु जिस देश में विनाशलीला करता है, उनके लिए

अभिशाप है। परमाणु बम को यदि किसी देश के विकास-कार्यों के लिए लगाया जाये तो वही वरदान हैं, परन्तु उसी परमाणु बम से जापान ने नागासाकी और हिरोशिमा नगरों के विनाश की भाँति किसी देश की जनता का जीवन नष्ट कर दिया जाये तो वह अभिशाप ही सिद्ध हो जायेगा। रॉकेटों एवं नाइट्रोजन आदि बमों की इस स्थिति में किस बुद्धिमान व्यक्ति को इंकार होगा कि ये सब वैज्ञानिक आविष्कार वरदान और अभिशाप के दो रूप हैं। परमाणु बमों की विस्फोट से असंख्य रोग फैल जाते हैं। इन रोगों का इलाज भी संभव नहीं हो पाता। अंगों में रोग फैलते जाते हैं और मानव पंगु बन जाता है। सन् 1984 में भोपाल गैस-त्रासदी इसी विज्ञान की ही देन है।

इसी प्रकार जब बिजली का प्रयोग रोशनी व हवा प्राप्त करने के लिए बल्ब व पंखों में प्रयुक्त होता है तो वरदान साबित होता है, वही बिजली यदि किसी के शरीर से छू जाये तो उसके लिए अभिशाप बन जाती है।

युद्धों में मानव जीव को समाप्त करने के प्रयत्न चीन, अमेरिका, ब्रिटेन, फ्रांस, रूस आदि देशों में वैज्ञानिक करने लगते हैं तो कितना भीषण वातावरण बन जाता है। परमाण ु बमों के प्रयोग के सम्बन्ध में व्यापक परमाणु परीक्षण निषेध सन्धि की जा रही है और मानव-जीवन के विनाश की लीला से बचाने का प्रयत्न किया जा रहा है। ऐतिहासिक शिखर सम्मेलन किये जा रहे हैं। सारा संसार वैज्ञानिक अस्त्रों से त्रस्त हो रहा है। कभी-कभी मानव का अस्तित्व ही इस विज्ञान से संकटग्रस्त प्रतीत होता है।

मानव के कार्यों को आसान करने के लिए वैज्ञानिकों ने अनेक मशीनों का निर्माण किया है। इन मशीनों पर एक-एक व्यक्ति काम कर सकता है। इससे समय और उत्पादन में शीघ्रता और उच्चस्तर का मानदंड तो स्थापित हुआ, परन्तु साथ ही श्रम को भी हानि पहुँची है। लाखों लोग मशीनी युग के कारण ही बेकार हो जाते हैं। मिलों के लग जाने से ग्राम उजड़ते जा रहे हैं। गन्दी बस्तियाँ शहरों में उभरती जाती हैं क्योंकि ग्रामीण लोग मिलों में काम करने के लिए आ जाते हैं और ग्रामों के उद्योग समाप्त होते जा रहे हैं। यातायात के साधनों से जहाँ हम कम समय में अधिक दरी तय करते हैं वही दुर्घटना होने पर कई लोगों की जान भी चली जाती है।

अभी कोलकाता के पास रेलें टकराने से कई घर उजड़ गये थे। ऐसी दशा में विज्ञान दिल दहला देता है। बीसवीं शताब्दी में विज्ञान ने अनेक बार क्षितिजों को स्पर्श किया और 21वीं शताब्दी में और नये-नये आविष्कार होंगे। युद्ध और शान्ति के लिए नये आविष्कार विश्व के सामने आये, इससे ही युद्ध के रूप में विज्ञान अभिशाप बन गया और शान्ति के रूप में वरदान सिद्ध होता है।

अतः स्पष्ट है कि विज्ञान के साथ अभिशाप और वरदान दोनों ही पक्ष अभिन्न रूप से जुड़े हैं, हम उसका सुनियोजित और सुव्यवस्थित प्रयोग निश्चित करके ही उसे मानव के लिए वरदान साबित कर सकते हैं।

31

स्वतन्त्रता दिवस

15 अगस्त सन् 1947 को भारतीय इतिहास में स्वर्ण अक्षरों में लिखा गया। 15 अगस्त सन् 1947 का दिन भारत के लिए एक ऐसा दिन है जिसे हम सभी भारतीय कभी भुला नही पायेंगे। 15 अगस्त, 1947 से पहले भारत पर अंग्रेजों का अधिकार था या कहिये कि भारत माता अंग्रेजों की जेल में सिसकियाँ ले रही थीं। इस भारत भूमि के अनेक सपूतों ने अपने देश को आजाद कराने हेतु अपने प्राणों के बलिदान दिये और 15 अगस्त 1947 को इस पवित्र भारत माँ की बेड़ियाँ टूट गयीं।

स्वतन्त्रता का महत्त्व शायद हम स्वतन्त्र भारत में जन्म लिए जाने पर उन लोगों से पूछें जो अपने माँ के उदर से जन्म तो लेते हैं पर जेल में या परतन्त्रता की स्थिति में। प्रत्येक मनुष्य के जीवन में स्वतन्त्रता का अत्यधिक महत्त्व है। 15 अगस्त 1947 से पहले हम आजाद नहीं थे बल्कि इस समय तक हर भारतीय गुलाम था और तब भारतीयों को आज जैसे अधिकार प्राप्त नहीं थे। आज हमारे देश की अपनी संसद है, सरकार है और हमारा अपना राष्ट्रीय ध्वज है। प्रत्येक भारतीय गर्व के साथ जी रहा है। जो सम्मान आज हमें मिला है, वह पहले नहीं था। अब हमारा देश सोने की चिड़िया कहलाने लगा है। अब न जात-पाँत है, न धर्म का भेदभाव रहा सब एकता से रहते हैं। पक्षी जब पिंजड़े से छोड़ दिया जाता है तो किसी भी दिशा में उड़ सकता है। परन्तु वह पक्षी जो पिंजरे में बन्द है, भोजन करता है, पानी पीता है, परन्तु उसके मन में स्वतन्त्र उड़ान भ्रने की लालसा हमेशा रहती है। स्वतन्त्रता का महत्त्व उस कैदी से पूछिये जो लम्बे समय से कारागार में बन्द है, वास्तविक रूप से पराधीनता का जीवन व्यक्ति के लिए एक नारकीय के समान है।

स्वतन्त्र भारत एक बगीचा है जिसे राम प्रसाद बिस्मिल, सुभाष चन्द्र बोस, चन्द्रशेखर आजाद, सरदार भगत सिंह आदि जैसे नौजवानों ने अपने खूनों से सींचा है। गांधी और तिलक ने अपने सिद्धान्तों और अहिंसा के औजारों से इसकी निराई और गुड़ाई की है। सुभाष ने मालियों के लीडर बनकर जगह-जगह भारत भूमि के पुष्प संग्रह किये और नेहरू जैसे लीडरों ने पुष्प चुनकर भारत माँ के स्वर्ण मुकुट को सजाया।

आज हम 15 अगस्त को एक राष्ट्रीय पर्व के रूप में हर वर्ष मना रहे हैं। उस कठिन प्राप्ति की याद ताजा हो जाती है। परन्तु हम इस पर्व को मनाने का उद्देश्य भूल गये हैं।

15 अगस्त को देश स्वतन्त्र हुआ तो आपसी साम्प्रदायिक झगड़ों ने इस देश को दो भागों में बाँट दिया, जिसे हमने हिन्दुस्तान और पाकिस्तान के नामों से जाना। स्वतन्त्रता का अर्थ है कि हम आर्थिक, सामाजिक और राजनीतिक रूप से स्वतन्त्र हैं, परन्तु इसका तात्पर्य यह कदापि नहीं कि हम नित नये देश का निर्माण करें। गांधी जी ने देश की एकता के लिए अथक प्रयास किये। आइये, हम उन आदर्शों को जीवन में उतारे जो गांधी जी ने देश के लिए किये हैं।

इसके पूर्व हमारे पैर दासता की बेड़ियों से जकड़े हुए थे। विदेशी हम पर राज्य करते थे। हमें कठपुतलियों की तरह नचाते थे। हमने दासता की बेड़ियों को काटने के सतत प्रयास किये। अंग्रेजी राज्य का दमन चक्र, अन्याय, अत्याचार और भी बढ़े, वे कई प्रकार के कानून बनाकर हम पर बलपूर्वक राज्य करते थे और हमारे धर्म में फूट डलवाते थे। इस बीच कई आंदोलन चलाये गये। कई नवयुवकों को फांसी और कई नवयुवकों को काले पानी की सजा सुनाई गयी, तब कहीं जाकर देश को स्वतन्त्र करा पाना सम्भव हो सका। देश को आजाद कराने में सबसे बड़ा श्रेय गांधी जी का है जिन्होंने अपने प्राणों की बाजी लगाकर हमें स्वतन्त्रता दिलाई देश के कई और महान सपूत हैं जिन्होंने देश के लिए अपने प्राण न्योछावर किये।

15 अगस्त सन् 1947 को स्वतन्त्रता का नवोदय हुआ। इसी कारण भारत की राजधानी दिल्ली में प्रत्येक वर्ष इस दिन को स्वतन्त्रता दिवस के रूप में मनाया जाता है। इस दिन लाल किले पर देश के प्रधानमंत्री राष्ट्रध्वज फहराते हैं। इसके बाद राष्ट्रगान होता है और गणमान्य व्यक्तियों का स्वागत कर प्रधानमंत्री देश के नाम संदेश देते हैं। अन्त में जय हिन्द के उद्घोष के साथ यह राष्ट्रीय उत्सव सम्पन्न हो जाता है। पंद्रह अगस्त के दिन सरकारी भवनों पर रोशनी करने की परम्परा भी है। प्रधानमंत्री विशिष्ट अतिथियों के लिए भोज का आयोजन भी करते हैं और इसी तरह यह उत्सव धूमधाम से मनाया जाता है।

32

गणतन्त्र दिवस

26 जनवरी को हम गणतन्त्र दिवस के रूप में मनाते है जो हमारा एक प्रमुख राष्ट्रीय त्योहार है क्योंकि इसी दिन सन् 1929 को रात 1 बजे लाहौर के कांग्रेस अधिवेशन में प. जवाहर लाल नेहरू ने घोषणा की थी कि आज से हम स्वतन्त्र है।

15 अगस्त 1947 हमारा स्वतन्त्रता दिवस बना और नये स्वतन्त्र भारत का संविधान 26 जनवरी, 1950 को देश में लागू हुआ। इसलिए यह दिन गणतन्त्र दिवस के रूप में मनाया जाने लगा। इस दिन देश के प्रथम राष्ट्रपति के रूप में डॉ. राजेन्द्र प्रसाद ने शपथ ली और देश नये भावों से भर उठा।

अपने देश की जनता को अपना नया संविधान प्राप्त हुआ। तत्कालीन वायसराय राजगोपालचारी ने इस दिन अपने सम्पूर्ण अधिकार भारत के नवनिर्वाचित राष्ट्रपति देशरत्न राजेन्द्र प्रसाद को समर्पित कर दिये। अब भारत ब्रिटेन का उपनिवेश तथा उसका अधीन देश न रहकर प्रभुत्वसम्पन्न गणतन्त्र घोषित किया गया। तीन वर्ष से अधिक समय तक निरन्तर परिश्रम कर देश के प्रतिनिधियों ने जो संविधान बनाया था, इस दिन से वह देश भर में जारी हो गया। इसी दिन संविधान परिषद् ने संसद का रूप ग्रहण करते हुए देश को विकास के पथ पर ले जाने के लिए अग्रसर हुई।

भारत का यह प्रमुख राष्ट्रीय त्योहार बहुत ही धूमधाम से मनाया जाता हैं। प्रथम राष्ट्रपति डॉ. राजेन्द्र प्रसाद के शपथ ग्रहण करने के उपरान्त एक विशाल जुलूस निकाला गया था। इंडिया गेट' के विशाल मैदान में बड़ी व्यवस्था की गयी थी, जहाँ पर 21 तोपों से राष्ट्रपति का अभिवादन होना था। देश के कोने-कोने से लाखों व्यक्ति इस विशाल समारोह को देखने की लालसा लिए वहाँ पहुँचे। महामहिम राष्ट्रपति का जुलूस नियत समय पर राष्ट्रपति भवन से प्रारम्भ हुआ, घुड़सवार अंगरक्षक आगे-पीछे थे और कुछ ध्वजधारी भी साथ चल रहे थे। मध्य में एक फिटन पर, जो कि निजाम हैदराबार ने राष्ट्रपति को भेंट में दी थी, राष्ट्रपति अपने अंगरक्षकों सहित विराजमान थे। इतने में ही जुलूस का कार्य आरम्भ हुआ, मुख्य समारोह इडिया गेट' पर ही था, इससे जनता को बहुत निराशा हुई वह राष्ट्र के इतने महान् पर्व को इतनी सादगी से मनाए जाने के कारण असन्तुष्ट तथा खिन्न थी। विदेश से आये नागरिकों को भी यथोचित सम्मान नहीं मिला जिससे उन्हें काफी उदासी हुई।

जनता की इस आलोचना के कारण कुछ दिनों के पश्चात् पुनः राष्ट्रपति का एक जुलूस नई दिल्ली से चलकर नगर के प्रधान मार्गों से होता हुआ पुरानी दिल्ली के लाल किले में पहुँचा। इस बार जुलूस में जल, थल और नभ सेनाएं भी थीं। इस कारण जनता का असन्तोष दूर हो गया।

इसके पश्चात् प्रत्येक वर्ष 26 जनवरी के दिन ही यह राष्ट्रीय पर्व-धूम-धाम से मनाया जाता है। गणतन्त्र दिवस की पूर्वसंध्या को राष्ट्रपति देश के नाम अपना संदेश प्रसारित करते हैं। प्रगति और समस्याओं का उल्लेख किया जाता है। जनता को राष्ट्रपति के द्वारा सावधान किया जाता है। राष्ट्रपति प्रातः इंडिया गेट पर झण्डा फहराते हैं उनके सामने से अभिवादन करती हुई जल, थल तथा नभ सेनाएँ निकलती हैं अनेक प्रकार के वाद्य-वादक भी अपने वाद्यों की उच्च तथा समस्वरित ध्वनि से राष्ट्रपति तथा जनता के कानों में मधुर स्वर संचार करते हैं। राष्ट्रपति को तोपों द्वारा सलामी दी जाती है। देश की प्रगति को दिखाने के लिए प्रत्येक प्रदेश की एक-एक झाँकी निकलती है। इसके अतिरिक्त छात्रों की एन.सी.सी. की परेड भी होती है। कभी-कभी बच्चे भी जुलूस में आ जाते हैं। इस राष्ट्रीय पर्व के दिन देश के वीर सैनिकों, शिक्षकों, समाजसेवियों व अन्य क्षेत्र के प्रतिष्ठित नागरिकों को उनकी सेवाओं के लिए पुरस्कार की घोषणा होती है।

इसी दिन सभी राज्यों की राजधानी में भी कई सुन्दर झाँकियाँ निकाली जाती है जो उस राज्य की कला संगीत, नृत्य व संस्कृति की विविध दशाओं को दर्शाता है। जिनसे प्रत्येक राज्य की प्रगति का प्रदर्शन होता है। देश के स्वतन्त्रता संग्राम की ऐतिहासिक झाँकी भी दिखायी जाती है जिसमें गांधी-तिलक युग से लेकर स्वतन्त्रता-प्राप्ति के समय तक सभी प्रसिद्ध घटनाओं की झाँकियाँ दिखायी जाती हैं। इन झाँकियों से जनता में नवीन स्फूर्ति जागृत होती है।

26 जनवरी के इस राष्ट्रीय समारोह में देश के सभी नागरिक बड़े उत्साह के साथ बढ़ चढ़कर हिस्सा लेते हैं तथा देश को विकास के पथ पर ले जाने का संकल्प लेते हैं।

33

दीपावली

दीपावली भारत का राष्ट्रीय त्योहार है। यह हर वर्ष कार्तिक माह में मनाया जाता है। परम्परा से यह माना जाता है कि श्री रामचन्द्र जी के रावण-विजय के पश्चात् अयोध्या लौटने की प्रसन्नता में दीपावली का त्योहार आरम्भ हुआ। उस रात्रि को अयोध्या-निवासियों ने घी से दीपक जलाकर श्री रामचन्द्र का स्वागत किया था। तब से यह परम्परागत उत्सव माना गया है।

राम जिस दिन अयोध्या लौटे, उस दिन कार्तिक मास की अमावस्या थी कि नहीं, इस सम्बन्ध में विद्वानों के विचारों में भिन्नता है। परन्तु दीपावली का उत्सव इतने लम्बे युगों से इसी दिन मनाया जाता रहा है। इसलिए यही दिन अब निश्चित माना जाता है। कहते हैं कि युधिष्ठिर का राजसूय यज्ञ भी इसी दिन पूरा हुआ था। इस परम्परा के पश्चात् देश में कई और भी घटनाएँ हुईं जिनका सम्बन्ध दीपावली के उत्सव से जुड़ गया है। वर्षा ऋतु में असंख्य कीट-पतंगें घरों में जमा हो जाते हैं। दीपावली से पूर्व सफाई की जाती है। सफाई करने से घर का सौन्दर्य बढ़ जाता है तथा घर प्रकाश से जगमगाने लगते हैं।

व्यापारी समुदाय के लिए भी दीपावली का विशेष महत्त्व है व्यापारी वर्ग दीपावली को लक्ष्मी—पूजन का दिवस मानते हैं। देश के सभी प्रदेशों में व्यापारी लोग इस दिन लक्ष्मी की प्रतिमा का पूजन करते हैं और पूजन के व्यापार से ही नये बहीखाते का आरम्भ करते हैं। इसे लक्ष्मी-पूजन का दिवस भी कहा जाता है। रात्रि के समय लक्ष्मी-पूजन होता है। भारत के धार्मिक जगत् में इस दिन 'गोपालसहस्रनाम' नामक भक्ति के ग्रंथ का पाठ भी किया जाता है। भक्तजन जागरण के साथ-साथ भगवान के नामों का स्मरण करते जाते हैं। जैन धर्म के लोगों द्वारा दीपावली मनाने का कारण इसी दिन उनके प्रवर्तक आचार्य महावीर का देहावसान होना है।

स्वामी दयानन्द सरस्वती का भी देहान्त इसी दिन हुआ था जो आर्य समाज के प्रवर्तक थे। इसे स्वामी दयानंद का निर्वाण-दिवस माना जाता है। अतः सभी वर्गों एवं धर्म-जाति के लोग दीपावली के उत्सव को आनन्द एवं उत्साह से मनाते हैं। नगरों, महानगरों अपने व्यापारिक केन्द्रों में बिजली, दीप, मोमबत्तियाँ जलाकर प्रकाश करते हैं। गृह जगमगा उठते हैं। मन्दिरों में भी प्रकाश से जगमगाहट होती है। सरकारी भवन भी बिजली के बल्बों से

जगमगाते हैं। गहन अन्धकार में जगमगाता प्रकाश देखकर ऐसा लगता है जैसे जमीन पर तारे झिलमिला रहे हैं।

कुछ लोग जुआ खेलने का अपराध भी इस दिन करते हैं। जुआ खेलना एक नैतिक अपराध है। इससे लोगों को बचना चाहिए और सरकार को भी सख्ती से जुआ खेलने वालों को दण्ड देना चाहिए। इस बुरी प्रथा का अन्त होना चाहिए। दीपावली के दिन तो जुआ खेलने वाले जुए के दाँव पर पत्नी को भी लगा देते थे परन्तु अब यह प्रथा बन्द हो गयी है। उस समय भी जुआ खेलना अपराध था।

वीर-पूजा के रूप में भी दीपावली मनायी जाती है। इसे अज्ञान की अपेक्षा ज्ञान का प्रतीक माना जाता है। अमावस्या के दिन गहन अंधकार रहता है। रावण की बुद्धि के अंधकार को श्रीराम की भक्ति के ज्ञान ने दूर किया था। इसी प्रकार भारतवासियों को अपने देश से अज्ञान के अन्धकार को दूर करना चाहिए और ज्ञान के प्रकाश से सब जगह प्रसन्नता एवं ऐश्वर्य लाना चाहिए। दीपावली हमें अज्ञान से ज्ञान की ओर ले जाने का संदेश देती है।

34

दशहरा अथवा विजयादशमी

हमारे देश की जनता में परम्पराओं एवं त्योहारों का स्थान बहुत अधिक है। जिन्हें देखकर हम भारतवर्ष के निवासियों की संस्कृति और सभ्यता के बारे में अच्छी तरह समझ सकते हैं। हमारे पूर्वजों ने मानव कल्याण और उसकी उन्नति हेतु अनेक प्रकार के रीति-रिवाजों और त्योहारों को ऐसी कथाओं से जोड़ दिया कि प्रत्येक भारतवासी को इन्हें निभाने के लिए बाध्य होना पड़ा। वास्तव में यह एक प्रकार की मानव समाज की उन्नति ही है। जो कार्य हम साधारणतः नहीं करते लेकिन वे किसी पर्व या त्योहार पर जरूर करते हैं। दशहरा भी भारतवर्ष में मनाया जाने वाला प्रमुख त्योहार है। हमारे देश में कई त्योहार मनाये जाते हैं परन्तु दशहरा उनमें सबसे प्रमुख है।

दशहरा का त्योहार जब आता है उस समय का वातावरण बहुत सुहावना एवं रमणीय हो जाता है। यह त्योहार आश्विन मास की शुक्ल पक्ष दशमी को मनाया जाता है। इस पर्व के पहले ही (नवरात्र) नौ दिन तक रामलीला के कार्यक्रम गाँवों और शहरों में जगह-जगह देखने को मिलते हैं। इस समय बरसात का असर कम होने लगता है और बरसात के जहरीले कीड़े भी कम देखने को मिलते हैं। सर्दी थोड़ी-थोड़ी लगती हैं। बाग-बगीचों और खेतों में भी प्रकृति की अनोखी छटा देखने को मिलती है। संक्षेप में, यह मौसम त्योहार मनाने हेतु उपयुक्त होता है।

प्रत्येक त्योहार के कुछ कारण एवं उसकी कुछ परम्पराएँ होती है। दशहरा भी इसका अपवाद नहीं है। इस दिन मर्यादा पुरुषोत्तम भगवान श्री रामचन्द्र जी ने रावण का वध करने के पश्चात् विजय प्राप्त की थी। उसके उपलक्ष्य में यह त्योहार बड़े हर्षोल्लास से मनाया जाता है।

दशहरा के पूर्व शहर तथा गाँवों में रामलीला खेलने का प्रचलन है जो अकसर जगह-जगह देखने को मिल जाते हैं। रामलीला को भारतीय जनसमुदाय के सम्मुख प्रस्तुत करना भी अनेक खूबियों जुड़ा हुआ हैं। श्रीरामचन्द्रजी की जीवन की लीलायें और उनके सम्पूर्ण जीवन की लोकप्रिय झाँकियाँ प्रत्येक भारतवासी के दिल और दिमाग को छू लेती हैं। प्रत्येक जाति-धर्म के लोग रामलीला को बड़े चाव से देखते हैं। दशहरे के दिन रावण का वध श्रीराम द्वारा किया जाता है। रावण का पुतला बनाया जाता है जिसमें पटाखे

और आतिशबाजी का खजाना भर दिया जाता है। इसके पश्चात् सायंकाल के समय आग लगायी जाती है जिससे कर्णभेदी आवाज उत्पन्न होती है। आतिशबाजी की भयानक आवाज स्वर्ग में इस बात की घोषणा करती है कि बुरे कर्म का नतीजा बुरा होता है। क्षत्रिय इस दिन अपने हथियारों की पूजा करते हैं। इस दिन वैश्य जन अपने बहीखातों इत्यादि का पूजन भी बड़ी धूमधाम और धार्मिक भावना से करते हैं। कुछ लोगों का विश्वास है कि इस दिन राजा और नीलकंठ का दिखायी दे जाना बहुत अच्छा माना जाता है।

इस त्योहार पर अनेक जगह मेलों का आयोजन किया जाता है। इससे देशवासियों में एक दूसरे के प्रति प्रेम तथा बन्धुत्व की भावना को बढ़ावा मिलता है। रावण की हार और श्रीरामचन्द्र की विजय इस बात का प्रतीक है कि पापी का सर्वनाश होता है और धर्म की विजय होती है। यह त्योहार हमें इस बात से भी सजग करता है कि हमें मौलिक और आर्थिक दृष्टि से मजबूत होना चाहिए।

35

रक्षाबन्धन

रक्षाबन्धन भारत का एक महत्त्वपूर्ण राष्ट्रीय एवं सांस्कृतिक पर्व है। इस त्योहार से भारत की वीरता और त्याग का परिचय मिलता है।

रक्षाबन्धन का इतिहास वैदिक काल से आरम्भ होता है जब इन्द्र का 'राक्षसों से युद्ध हुआ तो इन्द्र की पत्नी शची ने इन्द्र की जीत हेतु उनके हाथ में रक्षासूत्र बाँधा था। इसके पश्चात् इन्द्र विजयी होकर लौटे थे। तब से रक्षासूत्र बाँधने की परम्परा प्रचलित हो गयी। यही परम्परा अभी तक विद्यमान है। यज्ञों में ब्राह्मण रक्षासूत्र बाँधते थे। इसलिए यज्ञों में यह परम्परा चली और ब्राह्मण और यजमान के परस्पर सम्बन्ध का निर्वाह इस रक्षासूत्र से चलता आ रहा है।

भारतीय इतिहास के राजपूत काल में जब राजपूत युद्ध भूमि में जाते थे तो विजय की कामना के साथ उनके हाथों में भी बहनें रक्षासूत्र बाँधती थीं। जौहर व्रत लेने से पूर्व रानी कर्मावती हुमायूँ के हाथ में बाँधने के लिए रक्षाबन्धन सूत्र भेजी थी। हुमायूँ ने रानी कर्मावती को बचाने के लिए बड़ा भारी प्रयत्न किया। यह ऐतिहासिक घटना आज नहीं अपितु देश के सभी निवासियों की है। इस त्योहार में जाति-भेद के लिए कोई स्थान नहीं है। राजपूती काल के नाटककार हरिकृष्ण प्रेमी ने कर्मावती के रक्षासूत्र पर 'रक्षाबन्धन' नाटक लिखा है, जो अत्यन्त प्रेरणाप्रद है।

युद्ध का स्वरूप बदल जाने के पश्चात् यह त्योहार भाई-बहन के त्योहार के रूप में मनाया जाने लगा। जो अब हर वर्ष श्रावण मास की पूर्णमासी को मनाया जाता है। विदेशियों से होने वाले युद्धों के काल में भारतीय बहनों ने अपने वीर भाइयों को राखियाँ भेजी थीं। सन् 1965 में पाकिस्तान से होने वाले युद्ध में भारतीय नारियों ने सैनिकों की कलाई पर रक्षासूत्र बाँधे थे। इससे देश भर में जोश आ गया था। देश को पाकिस्तान पर विजय मिली थी। रक्षाबन्धन के त्योहार के अवसर पर भाई-बहनों की रक्षा की प्रतिज्ञा करते हैं। यद्यपि मिठाई खाने और बदले में रुपये देने की परम्परा चल पड़ी है, तथापि यह परम्परा अपनी पवित्रता बनाये हुए है। भारत भर में इस त्योहार को राष्ट्रीय स्तर पर मनाया जाता है। अनेक राजनीतिक एवं सांस्कृतिक दलों के कार्यकर्ता इस दिन देशभर में रक्षाबन्धन का त्योहार मनाते हैं। साथ ही देश की आत्मा को जगाने व राष्ट्र की रक्षा करने का व्रत लेते हैं।

इस त्योहार से देश के नागरिक एकता के सूत्र में बँध जाते हैं तथा उनमें राष्ट्र की रक्षा हेतु वीरता के भावों का संचार होता है और वे अपने को सांस्कृतिक रूप से जुड़े महसूस होते हैं। बहनों, माताओं के रूप में भारतमाता की रक्षा करना ही रक्षाबन्धन का मूल उद्देश्य रहा है। मिठाई खाने और बदले में रुपये देने की परम्परा का उतना महत्त्व नहीं है, जितना रक्षा की भावना का है। रक्षाबन्धन का त्योहार अब अन्तर्राष्ट्रीय रूप लेता जा रहा है। भारत में जो विदेशी आते हैं, वे भी इस त्योहार से आकृष्ट होकर भारतीय महिलाओं से राखी बँधवा लेते हैं। विदेशियों में भी अब इस रक्षाबन्धन के त्योहार का प्रचार बढ़ता जा रहा है। रक्षाबन्धन का त्योहार प्रतिवर्ष आता है। हर बार देश के वीरों की आत्मा में नये-नये भाव भर जाते हैं। हमारी भारतीय संस्कृति में इन राष्ट्रीय त्योहारों का यह योगदान बड़ा ही महत्त्वपूर्ण है कि राष्ट्रीय चेतना से हमारी दृष्टि सदा सचेत बनी रहती है। व्यक्ति की अपेक्षा राष्ट्र का प्रश्न सदा प्रधान बना रहता है। इसलिए हमें रक्षाबन्धन का त्योहार बड़े उत्साह और हर्ष से मनाना चाहिए।

रक्षाबंधन का प्रचलन भारत के सांस्कृतिक त्योहारों में बहुत ही पुराना है। हालाँकि समय के साथ-साथ इसके स्वरूप में परिवर्तन होता जा रहा है लेकिन इसकी मूल-आत्मा आज भी अपरिवर्तनीय है।

36

होली

होली भारत का एक प्रमुख सामाजिक एवं धार्मिक त्योहार है। परन्तु इसका राष्ट्रीय रूप अधिक मान्य है। रंगों की होली भावों की होली बन जाती है। जीवन में नया रंग भरती है। जीवन में एक अनोखी मादकता छा जाती है। सब रंग एक रंग हो जाते हैं।

होली के इतिहास का अध्ययन करने पर हमें इसे मनाये जाने के पीछे दो कारण मिलते हैं। धार्मिक रूप से यह माना जाता है हिरण्यकश्यप की बहन होलिका थी। हिरण्यकश्यप ने प्रह्लाद को भगवान विष्णु का नाम जपना छोड़ अपना नाम जपने के लिए प्रेरित किया और जब प्रह्लाद अपने पवित्र कर्म से नहीं डिगा तो होलिका को प्रह्लाद के प्राण ले लेने का आदेश दिया। होलिका को यह वरदान मिला था कि अग्नि उसका कुछ नहीं बिगाड़ सकती। इसलिए वह प्रह्लाद को गोद में लेकर अग्नि में प्रवेश कर गयी। तब होलिका जल गयी और प्रह्लाद बच गया। होलिका दहन इस घटना की याद में ही यह उत्सव मनाया जाता है। दूसरा कारण राष्ट्रीय है। यह नये अन्न के संग्रह की योजना से सम्बन्ध रखता है। फाल्गुन मास में फसलें पकने लगती हैं तभी कृषकों द्वारा फसलों के पौधों को आग पर भूना जाता है। भुने हुए अधकच्चे दाने ही होलिका कहलाते हैं। इसलिए वर्ष के नवान्न के त्योहार को होलिका कहते हैं। होली का प्रारम्भ इसी होलिका से मानते हैं।

होली के त्योहार में रंगो का प्रयोग द्वापर युग के पहले से मानते हैं। भागवतपुराण में श्रीकृष्ण और गोपियों के होली खेलने का विस्तृत वर्णन मिलता है। होलिका के दिनों में सभी लोग भेदभाव भूलकर रंगों में डूबते हैं। एक-दूसरे के गले मिलते हैं। ऊँच-नीच की रंग भेद-भावना को समाप्त करके सब लोग परस्पर रंग की पिचकारियों से एक-दूसरे को भर देते हैं। आज के दिन सभी लोग अपने पुराने वैर-भाव को भुला कर गले मिलते हैं।

भारत के साथ-साथ विदेशों में भी यह त्योहार धूम-धाम से मनाया जाता है। स्वतन्त्र भारत के दूतावासों में होली का त्योहार प्रतिवर्ष मनाया जाता है।

आज के दिन राजा-प्रजा का भेद भी मिट जाता है। राजा और प्रजा बिना भेद-भाव के होली खेलते थे। श्रीकृष्ण गोप और गोपिकाओं की होली तो विश्व प्रसिद्ध है। आज भी राधा के गाँव बरसाने और श्रीकृष्ण के गोकुलग्रामवासी लोग पिचकारियों से होली खेलते हैं। वृन्दावन ही नहीं अपितु सारे ब्रजमण्डल में होली प्रसिद्ध है। कहीं-कहीं कपड़ों के कोड़ों

एवं लाठियों से पीटने और गोबर मलने की परम्पराएँ भी बोधक हैं। हरियाणा में रंगों की होली देवर-भाभी तथा गाँव के नर-नारी खूब खेलते हैं। इस प्रदेश में लाठी एवं कोड़मार होली का भी प्रचलन है।

होली के रंगों की तरह ही आज के दिन देश के सभी नागरिक जात-पाँत और ऊँच-नीच के भेद-भाव भुलाकर एक संग हो जाते हैं। इस उत्सव से वैर-भाव को भूलने और प्रेमभाव को जगाने की शिक्षा मिलती है। इसलिए होली का त्योहार हमारे राष्ट्रीय जीवन में भी बड़े महत्त्व का है। इस उत्सव को सदा ही इसी भावना से मनाना चाहिए। हिन्दी साहित्य के भक्तिकालीन और रीतिकालीन कवियों ने होली का रंग-भरा वर्णन खूब किया हैं। रंग-बिरंगें रंगों से भींगती नारियों और पुरुषों का वर्णन बड़ा ही सजीव है। होली के त्योहार के अवसर पर गर्म कपड़ों या रेशमी कपड़ों पर रंग नहीं फेंकना चाहिए। टोलियों में मित्रों के घरों में घूमने वाले बच्चों एवं प्रौढ़ों को भी इस बात का ध्यान रखना चाहिए कि होली असाम्प्रदायिक त्योहार है। इसलिए होली का पर्व पवित्र मानवता के विकास और राष्ट्रीय जीवन की उन्नति की दृष्टि से मनाना चाहिए। इस त्योहार का भारतीय जीवन में सांस्कृतिक महत्त्व भी है। भारतीय संस्कृति सहनशीलता और शान्ति की प्रतीक है। भारतीय संस्कृति का यह प्रतीक होली में पूर्णतः अभिव्यक्त होता है और देश के नागरिक उस दिन को रंगों के उत्सव के रूप में मनाते हैं।

37

सुनामी : एक भयानक त्रासदी

सुनामी एक जापानी नाम हैं जिसको अंग्रेजी में सुनामी कहा गया है। इसका तात्पर्य बन्दरगाह पर पैदा होने वाली लहरें हैं। जब इस प्रकार के भूकम्प समुद्र के नीचे घटित होते हैं, तब विकृत हुई सतह के ऊपर का पानी अपने समुचित स्थान से हट जाता है। जब अपने स्थान से हटा हुआ पानी किसी दूसरे स्थान पर भारी मात्रा में एकत्र हो जाता है, जो गुरुत्वाकर्षण बल के प्रभाव में कार्य करता है, जिससे कि वह अपना संतुलन स्थापित कर सके। इस प्रकार जब समुद्र की पृष्ठभूमि का एक बड़ा भाग अपनी सतह से ऊपर उठ जाता है या नीचे की ओर धँस जाता है, तब इस प्रकार की परिस्थितियाँ सुनामी लहरों का खतरनाक रूप धारण कर लेती हैं।

समुद्र में जो लहरें लगातार उठती रहती हैं उन्हें सुनामी कहा जाता है। भूकम्प, भूस्खलन, ज्वालामुखी विस्फोट और प्राकृतिक रूप से पैदा होने वाली विस्फोट सुनामी का कारण बनते हैं। सुनामी लहरों का जन्म समुद्र की पृष्ठभूमि के प्राकृतिक रूप से अकस्मात् उठने या धँसने के कारण होता है। सुनामी के कारण तटवर्तीय इलाकों का जानमाल तथा मानवीय संपदा की भारी क्षति होती है।

ऐतिहासिक रूप से सुनामी बहुत प्राचीन है। 1883 में जावा में 30,000 से अधिक लोग मारे गये। 1896 में जापान के सैनिकों में 26,000 लोग मारे गये। 1946 में एल्यूटियन द्वीप पर आये भूकम्प में 159 लोगों की मृत्यु हुई। 17 जुलाई, 1998 में पापुआ न्यू गिनी के सुनामी में लगभग 3,000 लोगों की मौत हो गयी। सुनामी की अभी हाल की सबसे प्राणघातक शृंखला 26 दिसंबर, 2004 को हिंद महासागर में हुई। जिसमें इंडोनेशिया और थाइलैंड के हजारों किलोमीटर दूर बांग्लादेश, भारत, श्रीलंका, मालदीव और पश्चिमी अफ्रीका में भी आकस्मिक विनाश हुआ। इसकी तीव्रता रिक्टर पैमाने पर 9.0 मापी गयी। इन घातक सुनामी लहरों ने 1,60,000 से भी ज्यादा लोगों की जान ले ली। यह सुनामी लहरें अभी तक के इतिहास में सर्वाधिक विनाशकारी लहरों में दर्ज हो गयी। यह भूकम्प जब इंडोनोशिया में घटित हुआ, उस समय वहाँ पर 12 बजकर 58 मिनट तथा 53 सेकंड हो रहे थे।

भारत के दक्षिणी छोर पर प्रभाव—भारत की दक्षिणी तट, मुख्य रूप से तमिलनाडु राज्य में सुनामी का सबसे बुरा असर पड़ा। करीब 8800 लोगों की मौत की पुष्टि हुई। 7923 लोग तमिलनाडु राज्य के निवासी थे। 197 लोग लापता थे। कम से कम डेढ़ लाख भारतीय राहत शिविरों में थे। मेडिकल टीम ने बीमारियों के भय को कम करने के लिए वैक्सीनेशन अभियान चला दिया।

भारत में अंडमान और निकोबार द्वीप समूह पर प्रभाव—इसके प्रभाव के कारण पीने के पानी के अनेक स्रोत खराब हो गये थे। कई छोटे टापू तो पानी में पूरी तरह से डूब गये। कुल 14 लाख की जनसंख्या वाले इन द्वीपों में 6010 लोगों का कुछ पता नहीं चला। कात्वल में ही 4500 लोग मारे गये। भारत अन्तर्राष्ट्रीय राहत एजेंसियों से राहत लेने से मना कर दिया क्योंकि इन द्वीपों पर भारत के कई रक्षा संस्थान और बेस कैंप थे।

इंडोनेशिया पर प्रभाव—इस भूकम्प के सबसे समीप सुमात्रा था जिसके पश्चिमी सिरे पर स्थित इंडोनेशिया में अधिक तबाही हुई थी। जहाँ 70 फीसदी से भी अधिक निवासियों को अपनी जान से हाथ धोना पड़ा। यहाँ मृतकों की संख्या डेढ़ लाख तक पहुँच गयी। सुनामी के बाद उत्तरी सुमात्रा इत्यादि क्षेत्रों में हुई मूसलाधार बारिश से जलजनित महामारियों की आशंका काफी बढ़ गयी। यहाँ सारे संसाधन नष्ट हो गये और पीछे रह गये भूखे-प्यासे लोग।

श्रीलंका पर प्रभाव—श्रीलंका में बहुत लोग मारे गये और प्रभाव के मामले में इंडोनेशिया के बाद श्रीलंका का ही नंबर आता है। इस क्षेत्र का हवाई दौरा करने वाले एक पत्रकार के मुताबिक यहाँ 'सम्पूर्ण क्षति' हुई थी। घर, फसलें और मछली पकड़ने में प्रयोग आने वाली नावें पूरी तरह से नष्ट हो गयी थीं। करीब 30500 लोग मारे गये और हजारों लापता हैं। बेघर हुए लोगों की संख्या 10 लाख से 8 लाख के बीच आँकी गयी।

थाइलैंड पर प्रभाव—सुनामी का काफी ज्यादा प्रभाव थाईलैण्ड के पश्चिमी किनारे पर पड़ा था। बाहरी द्वीपों और पर्यटन केंद्रों के अलावा कुछ क्षेत्र भी काफी प्रभावित हुए। 5200 से अधिक लोगों की मौत की पुष्टि हुई है। स्वयं प्रधानमंत्री ने कहा कि मृतकों की संख्या बहुत बढ़ सकती है। ज्यादातर लोग 36 से अधिक देशों से आये पर्यटक थे।

अन्त में, हमें सुनामी के प्रति सचेत रहना होगा। सुनामी चेतावनी प्रणाली को विकसित करना पड़ेगा तथा इसकी चेतावनी शीघ्र से शीघ्र जनता के बीच पहुँचानी होगी जिससे जान-माल की हानि कम से कम हो सके।

38

महात्मा गांधी

राष्ट्रपिता महात्मा गांधी का जन्म गुजरात के पोरबन्दर नामक स्थान पर 2 अक्टूबर सन् 1869 को हुआ था। महात्मा गांधी का पूरा नाम मोहनदास करमचन्द गांधी था। उनके पिता करमचन्द गांधी पोरबन्दर हाई कोर्ट के दीवान थे। पिता एक सच्चे कर्तव्यनिष्ठ तथा ईमानदार पुरुष थे। वहीं माता पुतलीबाई साध्वी, ईश्वर के प्रति आस्था रखने वाली धार्मिक महिला थी। पोरबन्दर में गांधीजी की बाल्यावस्था व्यतीत हुई। उन्होंने वहीं प्रारम्भिक शिक्षा प्राप्त की। जब गांधीजी सात वर्ष के थे, तब उनके पिता दीवान होकर राजकोट गये। उनको वहाँ एक विद्यालय में दाखिल कराया गया। गांधीजी स्वभाव से ही संकोची थे। अपने स्वभाव के अनुसार ही वे अपने सहपाठियों से सम्पर्क स्थापित करने का प्रयास नहीं करते थे।

प्रारम्भ से ही गांधीजी का माता-पिता की सेवा में मन लगता था। चूँकि उनके जीवन पर श्रवणकुमार तथा राजा हरिश्चन्द्र के व्यक्तित्व का काफी प्रभाव पड़ा था। इसलिए वे विद्यालय के समय के पश्चात् उनकी सेवा में स्वयं को रत रखते। उनका विवाह तेरह वर्ष की अवस्था में कस्तूरबा के साथ हुआ। इस समय गांधीजी हाईस्कूल में पढ़ रहे थे। उनकी गणना मन्दबुद्धि बालकों में की जाती थी। इसी काल में उन्होंने कुसंगति में पड़कर मांस का सेवन तथा धूम्रपान किया। लेकिन उन्होंने इसकी सूचना अपने पिता को पत्र द्वारा दी और अपने दोष को स्वीकार किया। साथ ही भविष्य में ऐसा न करने के लिए वचन भी दिया।

गांधीजी जब 16वें वर्ष में थे उनके पिता करमचन्द गांधी का देहान्त हो गया। यद्यपि स्कूल में गांधी जी को धर्म की शिक्षा नहीं मिली लेकिन वे आत्मबोध के द्वारा वातावरण से धार्मिकता का ज्ञान प्राप्त करते रहे। सन् 1885 ई. में उन्होंने मैट्रिक की परीक्षा पास की और श्यामलदास कॉलेज, भावनगर में उच्च शिक्षा प्राप्त करने के लिए प्रवेश किया। कॉलेज की शिक्षा में मन न लगने के कारण उन्होंने बैरिस्टरी की शिक्षा प्राप्त करने के लिए इंग्लैंड को प्रस्थान किया। 1891 ई. में बैरिस्टरी पास करके भारत आये। यहाँ आकर उन्होंने वकालत शुरू की लेकिन उनको इस कार्य में खास सफलता नहीं मिली। इसी बीच उनको सेठ अब्दुल्ला की फर्म में भागीदार ने एक मुकदमे के सम्बन्ध में दक्षिण अफ्रीका बुलाया। इस प्रकार गांधीजी 1893 ई. में दक्षिणी अफ्रीका गये।

उनका वास्तविक जीवन दक्षिण अफ्रीका में शुरू हुआ। उन्होंने वहाँ भारतीयों की दशा को सुधारने के लिए आन्दोलन चलाया। गांधीजी ने यहीं सत्य और अहिंसा के सिद्धान्तों को व्यावहारिक रूप प्रदान किया। यहाँ उन्होंने सन् 1914 तक संघर्षपूर्ण जीवन व्यतीत किया और उनको इसमें सफलता भी मिली। गांधीजी ने यहाँ 'टॉलस्टॉय आश्रम' की स्थापना की। यह आश्रम उनके शिक्षा-प्रयोग के लिए एक आदर्श प्रयोगशाला बन गया। उन्होंने इस आश्रम को घर के वातावरण में बदला और चरित्र को सभी तरह-तरह की शिक्षा का आधार माना। यहाँ गांधीजी ने साहित्यिक शिक्षा के साथ-साथ व्यावसायिक शिक्षा पर भी बल दिया। लेकिन उन्होंने यहाँ व्यवसाय को शिक्षा का माध्यम बनाने का प्रयत्न नहीं किया।

सन् 1914 ई. में गांधीजी इंग्लैंड होते हुए भारत आये। उन्होंने यहाँ आकर भारतीय राजनीति में प्रवेश किया। उनके प्रवेश से भारतीय राजनीति नें नया मोड़ लिया। उन्होंने इस समय से अपने जीवन के अन्त तक भारतीय राष्ट्रीय आन्दोलन का नेतृत्व किया। सन् 1915 में उन्होंने अहमदाबाद में सत्याग्रह आश्रम की स्थापना की। आश्रम में गांधीजी ने कुछ सत्याग्रहियों को तैयार करने का प्रयास किया। गांधीजी ने चम्पारण कानून की सविनय अवज्ञा का पहला प्रयास किया और उसमें सफलता मिली। इसके बाद अनेक बार सत्याग्रहों का नेतृत्व किया। उनकी डाँडी-यात्रा तथा नमक आन्दोलन की प्रसिद्धि देश-विदेश में है। विश्वभर में ऐसा कोई उदाहरण नहीं कि किसी देश को बिना हिंसा के स्वतन्त्रता मिल गयी हो। यह गौरव भारत को ही मिला और इस गौरव का श्रेय गांधीजी को है।

उनके नेतृत्व के फलस्वरूप भारतीय राजनीति में सत्य एवं अहिंसा को महत्त्वपूर्ण स्थान मिला। गांधीजी के नेतृत्व में भारत ने 15 अगस्त, 1947 को स्वतन्त्रता प्राप्त की। उन्होंने हिन्दू-मुस्लिम एकता के लिए 30 जनवरी, 1948 को अपना जीवन बलिदान कर दिया। इस महान् दार्शनिक, राजनीतिज्ञ, समाज-सुधारक, शिक्षा-शास्त्री तथा महात्मा ने सम्पूर्ण विश्व को सत्य एवं अहिंसा का उपदेश दिया।

39

डॉ. ए.पी.जे. अब्दुल कलाम

भारत के महान वैज्ञानिक एवं भूतपूर्व राष्ट्रपति डॉ ए.पी.जे अब्दुल कलाम का जन्म 15 अक्टूबर सन् 1921 को तमिलनाडु के रामेश्वरम् नामक स्थान पर हुआ था। अब्दुल कलाम को भारत के मिसाइल मैन के नाम से भी जाना जाता है हालाँकि इनके माता-पिता की आर्थिक स्थिति कुछ खास नहीं थी लेकिन इनके माता-पिता शिक्षा को काफी महत्त्व देते थे। उनके घर का माहौल पूर्णतः आध्यात्मिक था। उनके माता और पिता दोनों धार्मिक प्रवृत्ति के थे, लेकिन वे धार्मिक संकीर्णताओं से परे थे। इस्लाम के वे पक्षधर अवश्य थे, लेकिन धार्मिक सहिष्णुता उनमें कूट-कूटकर भरी थी। इसका एक प्रमाण यह है कि रामेश्वरम् मन्दिर के मुख्य पुजारी लक्ष्मण शास्त्री से उनके पिता की अभिन्न मित्रता थी। इस्लाम-पंथी होने के बावजूद लक्ष्मण शास्त्री से इनके पिता ने हिन्दू धर्म के समभाव तथा 'वसुधैव कुटुम्बकम्' की भावना अर्जित की।

डॉ. कलाम के माता-पिता का धर्म निरपेक्ष व्यवहार ही इनको भविष्य में एक प्रबल धर्म-निरपेक्ष व्यक्ति बनाया। जाति और वर्ण के भेद से ऊपर उठकर सम्पूर्ण राष्ट्र को अपना मानने की जो राष्ट्रीय भावना इनमें कूट-कूट कर भरी देखी जाती है वह उनके बचपन के संस्कारों को ही परिलक्षित करती हैं।

डॉ. कलाम को सन् 1963 में रक्षा अनुसन्धान तथा विकास संगठन (डिफेंस रिसर्च एंड डिवलपमेंट ऑर्गेनाइजेशन) में कार्य मिला। डॉ. कलाम यहाँ रहकर स्वदेशी उपग्रह-प्रक्षेपण-यान के निर्माण के हर पक्ष से सम्बद्ध रहे। इसी यान द्वारा भारत का रोहिणी उपग्रह धरती की कक्षा के भीतर स्थापित किया गया। सन् 1980 में डॉ. कलाम को विक्रम साराभाई अन्तरिक्ष केन्द्र में 'एरोस्पेश डाइनेमिक तथा डिजाइन' प्रभाग का निर्देशक नियुक्त किया गया। इसके बाद सन् 1982 में डी.आर.डी.एल. का निर्देशक बनाया गया। यहीं उन्होंने 'इंटिग्रेटेड गाइडेड मिसाइल डिवलपमेंट प्रोग्राम' की परिकल्पना की जिसका मुख्य अधिकारी इन्हें ही नियुक्त किया गया। यहाँ रहते हुए रक्षा-सेवाओं की आवश्यकताओं की पूर्ति की ओर डॉ. कलाम का ध्यान गया। इसी कार्य ने इन्हें प्रसिद्धि के शिखर पर पहुँचाया और राष्ट्र इनका सदा के लिए कृतज्ञ हो गया। यहीं रहकर इन्होंने स्वदेशी योग्यता और राष्ट्रीय आत्मनिर्भरता का परिचय देते हुए जिन स्वदेशी मिसाइलों का सफल परीक्षण किया, उनमें से पृथ्वी, त्रिशूल, आकाश और नाग प्रमुख हैं।

डॉ. कलाम ने भारत में निर्मित मिसाइलों का परीक्षण कर विश्व को यह बता दिया कि भारत प्राचीन समय में भी अपनी सुरक्षा के लिए आत्मनिर्भर था और आज भी है। इस महान वैज्ञानिक ने स्वदेशी मिसाइलों का परीक्षण करके भारत को कतिपय महत्त्वपूर्ण देशों की पंक्ति में ला दिया जो उन्नत प्रौद्योगिकी और शस्त्र-प्रणालियाँ प्राप्त कर चुके हैं।

डॉ. कलाम के असामान्य प्रतिभा को देखते हुये केन्द्र सरकार ने इनकी पदोन्नति करनी शुरू कर दी। सन् 1992 में वे भारत सरकार के रक्षा मंत्रालय से सीधे जुड़ गये एवं रक्षा मन्त्री के वैज्ञानिक सलाहकार नियुक्त हुए। साथ ही ये डिपार्टमेंट ऑफ डिफेंस रिसर्च एंड डिवलपमेंट के सचिव और डी. आर. डी. ओ. के महानिदेशक भी बन गये। इन पदों पर ये नवम्बर, 1999 तक रहे। नवम्बर, 1999 में कैबिनेट मन्त्री का दर्जा देकर इन्हें भारत सरकार का मुख्य वैज्ञानिक सलाहकार बनाया गया। डॉ. कलाम इस पद पर नवम्बर, 1999 से नवम्बर, 2001 तक रहे। इसके बाद 25 जुलाई, 2002 को इन्हें देश का राष्ट्रपति निर्वाचित किया गया।

डॉ. कलाम ने 25 जुलाई, 2007 को अपने राष्ट्रपति-कार्यकाल के पाँच वर्ष पूरे किये। अपने राष्ट्रपतित्व काल के दौरान डॉ. कलाम ने कई महत्त्वपूर्ण कार्य किये। प्रथम यह कि सियाचिन ग्लेशियर जो दुनिया का सबसे ऊँचा रण-क्षेत्र है, का दौरा किया और सुरक्षाकर्मियों का हौसला बढ़ाया। सम्प्रति वे अध्यापन कार्य में लगे हुए हैं।

डॉ. कलाम को सन् 1997 में भारत के सर्वोच्च सम्मान 'भारत रत्न' से विभूषित किया गया। सम्मान और पुरस्कार के क्षेत्र में शायद डॉ. कलाम अपने पूर्ववर्तियों से अधिक भाग्यशाली रहे। सौभाग्यवश इन्होंने अपने अध्ययन और कार्य-क्षेत्र को इस रूप में चुना, जिसका सीधा सम्बन्ध राष्ट्र की सुरक्षा से था। अतः कोई भी सम्मान इनको दिया जा सकता था और उसको लेकर इनके विरुद्ध कोई उँगली नहीं उठा सकता था। सन् 1997 में भारत-रत्न की प्राप्ति से पूर्व सन् 1981 में ये पद्म-भूषण और सन् 1990 में पद्म-विभूषण की उपाधि प्राप्त कर चुके थे।

इन सबके अलावा डॉ. कलाम को और भी कई महत्त्वपूर्ण पुरस्कारों से सम्मानित किया गया, जिनमें इन्दिरा गांधी राष्ट्रीय एकता पुरस्कार-1997, नेशनल डिजाइन अवार्ड—1980, जी. एम. मोदी पुरस्कार-1996 (विज्ञान के लिए), विज्ञान एवं प्रौद्योगिकी में श्रेष्ठ कार्य के लिए एच. के फिरोदिया पुरस्कार-1996, वीर सावरकर पुरस्कार-1998, एरोनॉटिकल सोसायटी ऑफ इंडिया द्वारा डॉ. वीरेनराय स्पेश अवार्ड-1986, विज्ञान तथा प्रौद्योगिकी के लिए ओमप्रकाश भसीन पुरस्कार, मध्य प्रदेश सरकार द्वारा इंजीनियरिंग तथा प्रौद्योगिकी के क्षेत्र का राष्ट्रीय नेहरू पुरस्कार-1990, आंध्र प्रदेश एकेडेमी ऑफ साइंसेज का प्रो. वाई. नयडम्मा मेमोरियल गोल्ड मेडल-1996, एस्ट्रोनॉटिकल सोसायटी ऑफ इंडिया का आर्यभट्ट-पुरस्कार-1996 आदि प्रमुख हैं।

डॉ. कलाम ने स्वयं को भारत के श्रेष्ठ राष्ट्रपतियों की पंक्ति में स्थापित कर लिया है। उनको डॉ. राजेन्द्र प्रसाद तथा डॉ. राधाकृष्णन् के समतुल्य स्थान दिया जायेगा।

40

डॉ. राजेन्द्र प्रसाद

भारत के प्रथम राष्ट्रपति राजेन्द्र प्रसाद का जन्म 1884 को जीरोदेई (बिहार) नामक स्थान पर हुआ था। बाबू राजेन्द्र प्रसाद वकील से पत्रकार बने थे और स्वतन्त्रता के लिए आरंभिक असहयोग आंदोलन में महात्मा गांधी के सहयोगी थे। वह कांग्रेस पार्टी के अध्यक्ष (1934, 1939, 1947) भी रहे। उन्हें 1962 में भारत का सर्वोच्च नागरिक सम्मान 'भारत रत्न' दिया गया।

राष्ट्रीय हित में पत्रकारिता करते हुए उन्होंने अंग्रेजी में 'द सर्च लाइट' के लिए लेखन किया और हिन्दी साप्ताहिक 'देश' की स्थापना और संपादन किया। इस प्रकार उन्होंने हिन्दी को राष्ट्रभाषा के रूप में स्थापित करने के आजीवन अभियान की शुरुआत की। असहयोगी गतिविधियों के कारण अंग्रेज़ों द्वारा कई बार उन्हें जेल भेजा गया, उन्होंने कांग्रेस पार्टी की कार्यकारिणी समिति के साथ लगभग तीन वर्ष (अग. 1942-जून 1945) जेल में बिताए। स्वतन्त्रता से पहले सितंबर 1946 में गठित अन्तरिम सरकार में उन्हें खाद्य एवं कृषि मंत्री बनाया गया। 1946 से 1949 तक वह भारतीय संविधान सभा के अध्यक्ष रहे और संविधान को आकार देने में सहयोग किया। सन् 1950 में उन्हें सर्वसम्मति से राष्ट्रपति चुना गया और पहले आम चुनाव (1952) के बाद नए निर्वाचक मंडल ने उन्हें भारी बहुमत से चुना; 1957 में वह राष्ट्रपति पद के लिए दूसरी बार निर्वाचित हुए।

एक साधारण ज़मींदार परिवार में पले-बढ़े राजेंद्र प्रसाद ने कलकत्ता (वर्तमान कोलकाता) के प्रेज़िडेंसी कॉलेज से स्नातक उपाधि प्राप्त की। उन्होंने कलकत्ता उच्च न्यायालय में वकालत की और 1916 में वह पटना उच्च न्यायालय में आ गये तथा बिहार लॉ वीकली की स्थापना की। बिहार में नील की खेती करवाने वाले अंग्रेज़ों द्वारा शोषित ग्रामीण किसानों की स्थिति में सुधार के लिए सन् 1917 में चलाये गये अभियान में गांधी ने उन्हें अपना सहयोगी बनाया। सन् 1920 में वकालत का पेशा छोड़कर प्रसाद असहयोग आंदोलन में शामिल हो गये। भारत के प्रथम व महान राष्ट्रपति डॉ. राजेन्द्र प्रसाद की मृत्यु 28 फरवरी सन् 1968 को बिहार की राजधानी पटना में हो गयी।

41

राजा राममोहन राय

भारत के महान समाज सुधारक राजा राममोहन राय का जन्म बंगाल के राधानगर नामक स्थान पर 22 मई सन् 1772 को हुआ था। इन्होंने पारंपरिक हिन्दू संस्कृति को चुनौती दी तथा ब्रिटिश शासन में भारतीय समाज को प्रगति का पथ दिखाया। राम मोहन राय को आधुनिक भारत का पिता भी कहा जाता है।

राजा राममोहन राय ने सन् 1803 में लिखी अपनी कृति में हिन्दू धर्म के एकेश्वरवादी स्वरूप की व्याख्या करते हुआ कहा है कि विवेक अनुगामी को 'सभी धर्मों के प्रथम सिद्धान्त, परम ब्रह्म' की ओर ले जाता है। उन्होंने उपनिषदों और वेदों में अपनी धार्मिक मान्यताओं के लिए दार्शनिक आधार ढूँढ़ने का प्रयास किया तथा इन प्राचीन संस्कृत ग्रंथों का बांग्ला, हिन्दी और अंग्रेजी में अनुवाद किया और उन पर शोध प्रबंध भी लिखे। राय के लिए इन सारे ग्रथों की केंद्रीय विषय-वस्तु थी, मानव ज्ञान से ऊपर, ब्रह्मांड के पालनहार परमेश्वर की पूजा। पवित्र सांस्कृतिक उपनिषदों का आधुनिक बांग्ला में अनुवाद करके राय ने लम्बे समय से चली आ रही परंपरा का उल्लंघन किया, लेकिन उनके अनुवादों की प्रशंसा में फ्रांस की सोसाइटी एशियाटिक ने सन् 1824 में उन्हें मानद सदस्यता के लिए चुना।

एकेश्वरवादी हिन्दू धर्म के सिद्धान्त के प्रसार के लिए सन् 1815 में राजा राममोहन राय ने आत्मीय सभा की स्थापना की। उनकी रुचि ईसाई धर्म की ओर हुई और ओल्ड तथा न्यू टेस्टामेंट के अध्ययन के लिए उन्होंने हिब्रू और ग्रीक भाषाएं सीखीं। सन् 1820 में उन्होंने चार गॉस्पेलों से संगृहीत ईसा के नीतिशास्त्रीय उपदेशों का 'प्रीसेप्ट्स ऑफ जीसस, द गाइड टू पीस ऐंड हैप्पीनेस' शीर्षक से प्रकाशित किये।

राजाराम मोहन राय के बचपन और प्रारम्भिक शिक्षा के सम्बन्ध में अधिक जानकारी प्राप्त नहीं होती है इनके विषय में इतना अवश्य ज्ञात होता है कि बहुत कम आयु में ही उनमें ग़ैर रूढ़िवादी धार्मिक विचारों का विकास हो गया था। युवावस्था में उन्होंने बंगाल में बाहर के क्षेत्रों का व्यापक भ्रमण किया और मातृभाषा बांग्ला तथा हिन्दी के साथ-साथ कई भाषाओं—संस्कृत, फारसी, अरबी और बाद में हिब्रू, ग्रीक तथा अंग्रेज़ी—में प्रवीणता प्राप्त की। लोगों को कर्ज देकर, अपनी छोटी जायदादों के प्रबंधन तथा ब्रिटिश ईस्ट इंडिया कम्पनी के बांडों के सट्टे से राय को आजीविका के लिए धन प्राप्त होता था। सन् 1805 में कम्पनी के एक निचले स्तर के अधिकारी जॉन डिग्बी ने उन्हें नौकरी पर रख लिया। डिग्बी के माध्यम

से पश्चिमी संस्कृति और साहित्य से उनका परिचय हुआ। अगले दस वर्षों तक राय, डिग्बी के सहायक के रूप में ब्रिटिश ईस्ट इंडिया कम्पनी की नौकरी करते और छोड़ते रहे।

राजा राममोहन राय एक अथक समाज सुधारक थे, फिर भी उन्होंने भारतीय संस्कृति पर पश्चिमी आक्रमण का जवाब देने के लिए वेदांत के नैतिक सिद्धान्तों में फिर से रुचि जगाई। अपनी पाठ्य पुस्तकों और शोध प्रबंधों के माध्यम से उन्होंने बांग्ला भाषा को लोकप्रिय बनाने में मदद की, साथ ही वह पहले भारतीय थे, जिन्होंने फ़्रांसीसी और अमेरिकी क्रांति के आधारभूत सामाजिक तथा राजनीतिक विचारों को भारतीय परिस्थितियों में लागू किया।

सन् 1822 में राजा राम मोहन राय द्वारा आंग्ल हिन्दू स्कूल और इसके चार वर्ष बाद एकेश्वरवादी हिन्दू सिद्धान्तों के शिक्षण के लिए वेदांत महाविद्यालय की स्थापना की गयी। बंगाल सरकार द्वारा सन् 1823 में पारंपरिक संस्कृत महाविद्यालय की स्थापना का प्रस्ताव रखे जाने पर राय ने यह कहते हुए इसका विरोध किया कि भारत का शास्त्रीय साहित्य बंगाल के युवाओं को आधुनिक जीवन की माँगों के अनुरूप तैयार नहीं कर पायेगा। बदले में, उन्होंने एक आधुनिक, पश्चिमी पाठ्यक्रम का प्रस्ताव रखा। राय ने भारत में अंग्रेज़ों के पुराने क़ानूनों और लगान व्यवस्था के विरोध का भी नेतृत्व किया।

सन् 1823 में अंग्रेजों द्वारा कलकत्ता प्रेस पर सेंसर लागू किये जाने पर भारत के दो आरंभिक साप्ताहिक समाचार-पत्रों के संस्थापक तथा संपादक होने के नाते राय ने अभिव्यक्ति तथा धर्म की स्वतन्त्रता को प्राकृतिक अधिकार बताते हुए विरोध प्रदर्शन आयोजित किया। यह विरोध प्रदर्शन उन्हें धार्मिक वाद-विवाद से सामाजिक और राजनीतिक सक्रियता की ओर ले जाने वाला एक महत्त्वपूर्ण मोड़ साबित हुआ। अपने समाचार-पत्रों, प्रबंधों और पुस्तकों में राय ने लगातार पारंपरिक हिन्दू धर्म की उन मान्यताओं की आलोचना की, जिन्हें वह मूर्ति पूजन तथा अंधविश्वास मानते थे। उन्होंने जाति व्यवस्था की निंदा की और सती प्रथा पर भी चोट की। सन् 1829 में ब्रिटिश ईस्ट इंडिया प्रशासनिक परिषद् द्वारा सती प्रथा पर रोक लगाए जाने में राय का वास्तविक प्रभाव स्पष्ट नहीं है, लेकिन आमतौर पर यह माना जाता है कि उन्होंने सरकार को इस मामले में निर्णय लेने के लिए प्रोत्साहित किया था।

राजा राममोहन राय ने हिन्दुओं की सुधारवादी विचारधारा से सम्बद्ध ब्रह्म-समाज को सन् 1828 में स्थापित किया। इसके तहत एकेश्वरवाद तथा अन्य उदारवादी ईसाई तत्त्वों का समावेश था। उस शताब्दी के उत्तरकाल में हिन्दू धर्म सुधार आंदोलन के रूप में ब्रह्म समाज एक महत्त्वपूर्ण भूमिका निभाने वाला रहा। दिल्ली के नाममात्र के बादशाह के ग़ैर सरकारी प्रतिनिधि के रूप में सन् 1829 के दौरान राय को ब्रिटेन जाने का अवसर मिला। दिल्ली के बादशाह ने उन्हें राजा का खिताब दिया, हालाँकि अंग्रेज़ इसे मान्यता नहीं देते थे। इंग्लैंड में विशेषकर वहाँ के एकेश्वरवादियों और किंग विलियम IV द्वारा राय का जोरदार स्वागत हुआ। ब्रिस्टल (इंग्लैंड) में अपने एकेश्वरवादी मित्रों के साथ रहते हुए राजा राममोहन राय को तीव्र बुखार हुआ, और अन्त में 27 सितम्बर सन् 1833 को इनका देहान्त हो गया और इग्लैंड में ही उनका अन्त्येष्टि संस्कार कर दिया गया।

42

सचिन तेंदुलकर

क्रिकेट के मशहूर बल्लेबाज सचिन तेंदुलकर का जन्म 24 अप्रैल सन् 1973 को महाराष्ट्र की राजधानी मुम्बई में हुआ था। सचिन तेंदुलकर का पूरा नाम सचिन रमेश तेंदुलकर है। तेंदुलकर 20वीं शताब्दी के अंतिम वर्षों में भारत के महानतम बल्लेबाज़ों में से एक हैं। 27 वर्ष की आयु तक 59 शतक (टेस्ट मैचों में 28 और एक दिवसीय क्रिकेट में 31) बना चुके हैं। 46 शतक बनाकर उन्होंने सुनील गावस्कर, डेस्मंड हेंस और विवियन रिचर्ड्स जैसे क्रिकेट के पूर्व महारथियों के स्थापित कीर्तिमान तोड़ दिये। वह एक दिवसीय क्रिकेट में 10,000 रन बनाने वाले पहले खिलाड़ी हैं। वह दो बार भारतीय टीम के कप्तान बने।

रमाकांत अचरेकर के निर्देशन में अल्पायु में ही क्रिकेट खेलना शुरू करके तेंदुलकर ने विनोद कांबली के साथ खेलते हुए 664 रन की भागीदारी बनाकर स्कूल क्रिकेट में विश्व कीर्तिमान स्थापित किया। टेस्ट और एकदिवसीय क्रिकेट खेलने वाले सबसे कम उम्र के खिलाड़ी तेंदुलकर ने 16 वर्ष की उम्र में सन् 1989 में पाकिस्तान के ख़िलाफ़ टेस्ट मैच में अपने क्रिकेट की शुरुआत की। अद्भुत बल्लेबाज़ी करते हुए 20वीं सदी के अन्त तक लगभग 11 वर्षों के पेशेवर खेल जीवन में उन्होंने 54.84 रन का ख़ासा ऊँचा टेस्ट औसत बनाये रखा, जो ग्रेग चैपल, विवियन रिचर्ड्स, जावेद मियांदाद, ब्रायन लारा और सुनील गावस्कर जैसे धुरंधरों के रन औसत से कहीं अधिक है। पाँच फुट चार इंच लम्बे तेंदुलकर अपने क़द की कमी को अपने पैरों के फुर्तीलेपन से पूरा करते हैं। क्रिकेट इतिहास के महानतम खिलाड़ियों में से एक सर डोनॉल्ड ब्रेडमैन ने तेंदुलकर को यह कहते हुए प्रशंसा की कि पिछले 50 वर्षों में अन्तर्राष्ट्रीय क्रिकेट खेलने वाले बेशुमार बल्लेबाज़ों में सिर्फ़ तेंदुलकर ही उनकी शैली के निकट पहुँच सके हैं।

43

मिल्खा सिंह

विश्व प्रसिद्ध धावक मिल्खा सिंह का जन्म 20 नवम्बर सन् 1935 को भारत में हुआ था परन्तु भारत-पाक विभाजन से आज इनका निवास स्थान पाकिस्तान में है। सन् 1957 से सन् 1961 तक 100 मीटर, 200 मीटर और 400 मीटर की दौड़ों में सफलता प्राप्त करके वह राष्ट्रीय एथलीट परिदृश्य पर छाए रहे। सन् 1958 के टोकियो एशियाई खेलों में उन्होंने 200 मीटर (21.6 सेकंड) और 400 मीटर (47 सेकंड) की दौड़ में जीत हासिल की। इसी वर्ष बाद में उन्होंने राष्ट्रमंडल खेलों में स्वर्ण पदक प्राप्त किया, लेकिन सन् 1960 में हुए ओलंपिक खेलों में 400 मीटर की फ़ाइनल दौड़ में वह कांस्य पदक जीतने से (0.1 सेकंड से) बाल-बाल चूक गये और चौथे स्थान पर रहे। उड़न (फ़्लाइंग) सिक्ख कहलाने वाले मिल्खा सिंह आज तक ओलंपिक रिकॉर्ड तोड़ने वाले अकेले भारतीय हैं। साथ ही 45.6 सेकंड का उनका एक राष्ट्रीय रिकॉर्ड है, जिसे 38 वर्षों तक कोई नहीं तोड़ पाया। सिंह ने सन् 1962 में जकार्ता में हुए एशियाई खेलों में स्वर्ण पदक (400 मीटर) जीता और तीन अन्य धावकों दलजीत सिंह, जगदीश सिंह और माखन सिंह के साथ मिलकर एक और स्वर्ण पदक (4 × 400 मीटर रिले) हासिल किया।

सन् 1969 में सिंह को पद्मश्री और हेल्म्स पुरस्कार से सम्मानित किया गया। सेवानिवृत्त होने के बाद उन्हें पंजाब में खेल विभाग का निदेशक नियुक्त किया गया। शौक़िया गोल्फ़ खेलने वाले अपने पुत्र चिरंजीव को उन्होंने इस खेल के लिए प्रेरित किया। भारत के बेहतरीन गोल्फ़ खिलाड़ियों में से एक चिरंजीव ने एशिया तथा यूरोप, दोनों जगहों पर अपनी छाप छोड़ी है।

देश के विभाजन के दौरान अनाथ हुए मिल्खा सिंह सन् 1947 में पाकिस्तान से भारत आये। जीविकोपार्जन के लिए वह एक ढाबे में काम करने लगे और बाद में भारतीय सेना में शामिल हो गये। सन् 1956 मेलबोर्न ओलिंपिक के प्रारम्भिक चरणों में जीत हासिल करके उन्होंने सन् 1956 में भारतीय खेल जगत् पर अपनी छाप छोड़ी।

44

मदर टेरेसा

इनका जन्म 27 अगस्त सन् 1910 को अल्बेनिया ऑटोमान (वर्तमान स्कपजे, यूगोस्लाविया) में हुआ था। शान्ति एवं उदारता की प्रतिमूर्ति मदर टेरेसा ने भारत में निर्बलों तथा असहायों का कल्याण करने के उद्देश्य से महिलाओं के कैथोलिक समूह की स्थापना की, जिसका नाम था 'आर्डर ऑफ मिशनरीज ऑफ चैरिटी'। इनका पूरा नाम अग्नान गोनाक्सा बोजाक्सिऊ है।

अग्नान के पिता अल्बेनिया में एक किराने के दुकानदार थे। अग्नान सन् 1928 में इंस्टिट्यूट ऑफ ब्लेसेड वर्जिन मेरी में शामिल होने के लिए आयरलैंड गईं, जहाँ से सिर्फ छः सप्ताह बाद एक शिक्षक के रूप में उन्होंने भारत के लिए समुद्री यात्रा की। यहाँ उन्होंने कलकत्ता में गरीबों के लिए काम करने की अनुमति दिये जाने का आग्रह किया। सन् 1930 में उन्हें 16वीं सदी के स्पेनिश संत, एविला के संत टेरेसा के सम्मान में टेरेसा नाम दिया गया।

मदर टेरेसा नर्सिंग की शिक्षा पूरी कर झुग्गियों में काम करने लगीं। उनकी याचना पर नगरपालिका प्रशासन ने उन्हें पवित्र काली मन्दिर के पास एक धर्मशाला प्रदान की, जहाँ उन्होंने 1948 में अपने ऑर्डर की शुरुआत की। जल्द ही लोग उनकी सहायता करने के लिए एकत्र हो गये। चिकित्सालय और खुले विद्यालय स्थापित किये गये। मदर टेरेसा ने भारतीय नागरिकता ग्रहण की और उनकी भारतीय सहायिकाएँ (नन) साड़ी पहनने लगीं। सन् 1950 में उनके ऑर्डर को पोप पायस XIII द्वारा धार्मिक मान्यता मिली और सन् 1965 में यह धर्माध्यक्षीय सभा बन गया (सिर्फ़ पोप के प्रति जवाबदेह)। इस ऑर्डर ने दृष्टिहीनों, वृद्धों, कुष्ठरोगियों, अपंगों और मरणासन्न व्यक्तियों की सेवा के लिए कई केंद्र स्थापित किये। सन् 1952 में उन्होंने मरणासन्न ग़रीबों के लिए एक गृह–निर्मल हृदय होम फॉर डाइंग डेस्टीट्यूट्स–की स्थापना की। मदर टेरेसा के मार्गदर्शन में मिशनरीज आफ़ चैरिटी ने भारत में आसनसोल के निकट ही कुष्ठरोगियों के लिए एक बस्ती बनवाई, जिसका नाम शान्ति नगर रखा गया।

भारत में मदर टेरेसा को काफी सम्मान प्राप्त था। यहाँ की सरकार ने सन् 1963 में इनको भारत के लोगों के प्रति उनकी सेवा के लिए पद्मश्री से सम्मानित किया। सन् 1964

में अपनी भारत यात्रा के दौरान पोप पॉल VI ने उन्हें अपनी समारोही लिमोजिन गाड़ी प्रदान की, जिसे उन्होंने तुरंत ही कुष्ठरोगियों की बस्ती के लिए धन जुटाने हेतु बेच दिया। सन् 1968 में उन्हें रोम में एक गृह की स्थापना के लिए बुलाया गया, जिसमें प्राथमिक तौर पर भारतीय नन ही रखी गईं। उनके धर्म प्रचार के कार्यों के लिए 6 जनवरी, 1971 को पोप पॉल ने उन्हें पहला पोप जॉन XXIII शान्ति पुरस्कार प्रदान किया। इसके बाद सन् 1979 में इनको नोबेल शान्ति पुरस्कार से सम्मानित किया गया और एक साल बाद भारत सरकार ने इनको देश का सर्वोच्च सम्मान भारत रत्न से विभूषित किया। 1985 में उन्हें रोनाल्ड रीगन द्वारा अमेरिका का सर्वोच्च नागरिक सम्मान मेडल ऑफ फ्रीडम प्रदान किया गया। सन् 1996 में वह अमेरिका की मानद नागरिकता पाने वाली चौथी हस्ती थीं।

मदर टेरेसा ने गरीबों और बेसहारा लोगों की सहृदयता से सेवा करने के लिए एक व्यापक अन्तर्राष्ट्रीय मंच प्राप्त किया। सन् 1970 के दशक के अन्त तक मिशनरीज ऑफ चैरिटी में 1,000 से अधिक नन थीं, जो कलकत्ता के 60 केंद्रों और श्रीलंका, तंजानिया, जॉर्डन, वेनेजुएला, ग्रेट ब्रिटेन और ऑस्ट्रेलिया समेत विश्व भर के 200 से अधिक केंद्रों में कार्यरत थीं। बाद के वर्षों में उन्होंने कामकाजी महिलाओं, तलाक़, गर्भनिरोध तथा गर्भपात के ख़िलाफ अपना विरोध सार्वजनिक रूप से व्यक्त करना शुरू कर दिया और अकसर चुपचाप वह अपने सामान्य प्रभाव क्षेत्र से बाहर राजनीतिक चर्चाओं में शामिल हो जाती थीं। दिनोंदिन बढ़ते हृदय रोग से पीड़ित मदर टेरेसा ने 1990 में सुपीरियर जनरल के पद से इस्तीफा दे दिया, लेकिन उन्हें अन्ततः मार्च, 1997 में भारतीय मूल की सिस्टर निर्मला को अपना उत्तराधिकारी चुन लिए जाने तक इस पद पर मजबूरन बने रहना पड़ा। इसके बाद 3 सितम्बर, 1997 को कोलकाता (कलकत्ता) में उनकी मृत्यु हो गयी। भारत सरकार ने उन्हें एक विस्तृत समारोहपूर्ण राजकीय अंत्येष्टि का सम्मान दिया, जो 'भारत के गटर की संत' के सादगीपूर्ण जीवन के ठीक विपरीत था।

45

जगदीशचन्द्र बसु

जगदीशचन्द्र बसु एक प्रसिद्ध वैज्ञानिक थे जिनका जन्म सन् 1858 में पूर्वी बंगाल के मैमन सिंह नामक जिले में हुआ था। इनके पिता कलेक्टर थे। सन् 1980 में उच्च शिक्षा प्राप्त करने के लिये कलकता में कैम्ब्रिज के क्राइट्स कालेज में प्रवेश लिया। स्नातक की डिग्री प्राप्त करने के बाद बोस प्रेसीडेन्सी कॉलेज, कोलकाता (कलकत्ता) में भौतिक विज्ञान के प्रोफेसर बने।

जगदीश चन्द्र बसु एक विख्यात प्लाण्ट फिजियोलाजिस्ट होने के साथ-साथ भौतिक के भी महान विद्वान थे। इन्होंने अतिसंवेदी उपकरणों की खोज की। इनकी सहायता से बाह्य उद्दीपनों द्वारा प्राणियों में उत्पन्न सूक्ष्मतम अनुक्रियाओं का प्रेक्षण किया जा सकता है। इससे सरलता से पशु और वनस्पति तन्तुओं में साम्यता स्थापित किया जा सका। इस पर बाद में जन्तु भौतिकीविदों को कार्य करने में सहायता मिली। सूक्ष्म रेडियो तरंगों के अर्द्ध-प्रकाशिकी गुणधर्मों पर इनके प्रयोगों से सन् 1945 में रेडियो डिटेक्टर के पूर्व स्वरूप के आशोधन में सहायता मिली। इससे सॉलिडस्टेट फिजिक्स के विकास में अहम योगदान प्राप्त हुआ।

जगदीश चन्द्र बसु ने कई शोध और अन्वेषण कार्य किये हैं। सन् 1894 में उन्होंने विद्युत-चुम्बकीय तरंगों के ध्रुवीकरण की महत्त्वपूर्ण खोज की। बोस की विद्युत्-चुम्बकीय तरंगों की खोज के आधार पर मारकोनी ने वायरलेस टेलीग्राफी का आविष्कार किया। यन्त्रों से उन्होंने विद्युत् व प्रकाशकीय पुंजों की एकता सिद्ध की। यह संचार क्रान्ति को नवीन दिशा प्रदान करने में सहायक साबित हुई। उन्होंने हर्ट्ज के साथ मिलकर रेडियो तरंगों के क्षेत्र में अनेक सफल अनुसन्धान किये। जगदीशचन्द्र सन् 1898 से जीव-भौतिकी के क्षेत्र में अनुसन्धान कार्य करने लगे। सन् 1902 में बोस ने क्रेस्कोग्राफ का आविष्कार किया, जो पौधों की वृद्धि को एक करोड़ गुना विपुलन कर दिखाता था। इस यन्त्र में सेकंड के हजारवें भाग तक पौधों की गति अंकित होती है। सन् 1916 में सरकार ने इन्हें नाइट (सर) की उपाधि से विभूषित किया। अन्ततः 23 नवम्बर सन् 1937 को भारत के उस महान भौतिकशास्त्री का देहान्त हो गया।

46

कल्पना चावला

भारतीय नारी अब अन्तरिक्ष की ओर भी उड़ान भरने लगी हैं। कल्पना चावला भारतीय मूल की एक ऐसी नारी का नाम है, जिसने 19 नवंबर 1997 को कोलंबिया एसटीएस-87 से अन्तरिक्ष में उड़ान भर एक ऐतिहासिक कीर्तिमान स्थापित किया। कल्पना चावला अन्तरिक्ष में कदम रखने वाली प्रथम भारतीय महिला थीं जिन्होंने यह हैरतअंगेज कारनामा कर दिखाया। वह दृढ़ इच्छा शक्ति की प्रतिमूर्ति थीं। जोखिमशीलता, आत्मविश्वास, विषम परिस्थितियों से संघर्ष करने की क्षमता व अदम्य साहस उनकी महान सफलता के राज थे।

अन्तरिक्षपरी कल्पना चावला का जन्म 1 जुलाई सन् 1961 को हरियाणा प्रान्त के करनाल में हुआ था। उनके पिता का नाम बनारसी लाल चावला, माता का नाम संयोगिता देवी व पति का नाम ज्यां पियरे हैरिसन है। कल्पना के माता-पिता पश्चिम पंजाब के शेखपुरा सम्प्रति पाकिस्तान के मूल निवासी थे। देश विभाजन के बाद उनके माता-पिता पाकिस्तान छोड़ भारत आ बसे। प्रारम्भ में अमृतसर में उन्होंने व्यवसाय शुरू किया, फिर बाद में करनाल आकर वहाँ रबर बेल्टव टायर निर्माण उद्योग स्थापित किया। वहीं भारत की महान अन्तरिक्ष पुत्री कल्पना चावला का जन्म हुआ। बाद में चावला परिवार दिल्ली आ बसा।

कल्पना चावला बचपन से ही प्रतिभा सम्पन्न बालिका थी। उसने प्रारम्भिक शिक्षा हरियाणा के करनाल स्थित टैगोर बाल निकेतन से हासिल की। विद्यालय के दिनों में ही उसे विज्ञान, खगोल व चाँद-तारों में गहरी दिलचस्पी थी। चावला के बारे में ऐसा उल्लिखित है कि वह विद्यालय में अकसर हवाई जहाज, आकाश-तारों के चित्र चार्ट समेत माडल बनाया करती थी। विज्ञान में गहरी अभिरुचि और उसके अन्दर छिपी प्रतिभा को देखकर विद्यालय के अध्यापक उसे काफी प्यार व सम्मान दिया करते थे। उसने उच्चतर शिक्षा (प्री. यूनिवर्सिटी डिग्री.) के. वी. ए. डी. ए. वी. कालेज फार विमेन, करनाल व एयरोनाटिक्स इंजीनियरिंग की स्नातक डिग्री पंजाब इंजीनियरिंग कॉलेज से सन् 1982 में उत्तीर्ण की। भारत में शिक्षा ग्रहण करने के बाद वह स्नातकोत्तर शिक्षा प्राप्त करने के लिए टेक्सास (अमेरिका) चली गयीं। सन् 1984 में उसने टेक्सास विश्वविद्यालय (यू. टी. एल)

से स्नातक की डिग्री हासिल की। पी-एच. डी. प्राप्ति के बाद उसने एमसीएटी इंस्टीट्यूट, सान जोस कैलिफोर्निया में सन् 1988 में शोध वैज्ञानिक के रूप में काम करना प्रारम्भ किया। उसे नासा एम्स रिसर्च सेंटर कैलिफोर्निया में पावर्ड लिफ्ट के क्षेत्र में शोधार्थी नियुक्त किया गया। कल्पना चावला ने नासा एम्स रिसर्च सेंटर कैलिफोर्निया में हैरियर जैसे पावर्ड लिफ्ट हवाई जहाजों के जमीन पर संचालन सम्बन्धी बहाव, भौतिकी के अनुकरण, विश्लेषण व पावर लिफ्ट वायुयान के महत्त्वपूर्ण पुर्जों समेत उनके विभिन्न संरचनाओं की माडलिंग और उनके संख्यात्मक सिमुलेशन से सम्बन्धित गहरा अध्ययन किया। उसने सुपर कंप्यूटर की मदद से नेवियर-स्टोक्स सोल्वर्स से भी सम्बन्धित तकनीकी प्रशिक्षण हासिल की। एयरोस्पेस इंजीनियरिंग, फ्लो सोल्वर्स मैपिंग परीक्षण व पावर्ड लिफ्ट में महारथ हासिल करने के बाद वह अन्तरिक्ष उड़ान के अपने मिशन-अभियान में लग गयीं। बचपन का सपना साकार हो उठा और वह सन् 1995 में अन्तरिक्ष में जानेवाले अन्तरिक्ष यात्रियों के 15वें ग्रुप में शामिल कर ली गईं। कल्पना चावला एशियाई मूल की पहली महिला थी जिनका चयन नासा अन्तरिक्ष यात्री के रूप में हुआ था।

कल्पना चावला ने अन्तरिक्ष यात्री के रूप में उड़ान भरने के लिए गहन प्रशिक्षण प्राप्त किया। प्रशिक्षणोपरांत वह अन्तरिक्ष चालक दल के प्रतिनिधि के रूप में चुन ली गयीं। सन् 1993 में उन्होंने ओवरसेट मेथड्स इंक, कैलिफोर्निया के उपाध्यक्ष पद को भी सुशोभित किया। उसने नासा के एस्ट्रोयट आफिस एक्सट्रावेहिकूलर गतिविधियों, रोबोटिक्स अन्तरिक्ष में चलने सम्बन्धी तकनीकी पहलुओं का गहरा अध्ययन किया और शटल एविओनिक्स इंटीग्रेशन लेबोरेटरी में अन्तरिक्ष नियंत्रण साफ्टवेयर के परीक्षण में भी अपनी मुख्य भूमिका निभाई। उसने एसटीएस-87 पर मिशन विशेषज्ञ व प्राइम रोबोटिक आर्म आपरेटर के रूप में भी कार्य किया। कल्पना चावला ने अन्तरिक्ष कक्षा में घूम रहे उपग्रहों के मैन्युल कैप्चर में भी भाग लिया।

कल्पना चावला का कोलंबिया मिशन एसटीएस-107, 16 दिन का समर्पित मिशन था। यह अन्तरिक्ष शटल की 107वीं उड़ान थी। कोलंबिया मिशन एसटीएस-107 कल्पना चावला की अन्तिम अन्तरिक्ष यात्रा साबित हुई। वह 16 दिन अन्तरिक्ष में गुजारने के बाद धरती पर कदम रखने ही वाली थी कि भगवान को प्यारी हो गयीं। पृथ्वी पर उतरने से पहले ही कोलंबिया यान का सम्पर्क मिशन नियंत्रण कक्ष से टूट गया। पृथ्वी के वायुमण्डल में प्रवेश करते ही शटल के पंखों के अग्रिम कोनों का अधिकतम तापमान लगभग 1650 डिग्री सेल्सियस तक जा पहुँचा और शटल के हजारों टुकड़े हो गये।

47

सुनीता विलियम्स

कल्पना चावला के बाद एक और भारतीय मूल की महिला का नाम अन्तरिक्ष यात्री के रूप में जुड़ने जा रहा है और वह नाम है सुनीता विलियम्स। कोलंबिया हादसे में कल्पना चावला के दुखद अन्त के करीब तीन साल बाद अब सुनीता विलियम्स नासा के अन्तरिक्ष मिशन का नया केन्द्र बनकर उभरी है। सुनीता का नासा में चयन वर्ष जून 1998 में हुआ था।

सुनीता विलियम्स के पिता का नाम दीपक और माता का नाम बोनी पंड्या है। उसके पति का नाम माइकल विलियम्स है जो अमेरिकी नागरिक हैं। सुनीता विलियम्स नासा के छः महीने के नए अभियान में फ्लाइट इंजीनियर की हैसियत से काम की थीं। सुनीता की अन्तरिक्ष में उड़ान का यह पहला अवसर था, जब वह 'एक्सपेडिशन-14' में शामिल हुईं। सुनीता के साथ अभियान में माइकल लोपेज और मिखाइल टूरिन जैसे नामी अन्तरिक्ष यात्री भी गये थे। सुनीता ने नासा में चयन पाने से पहले करीब 30 विभिन्न तरह के एयरक्राफ्ट को उड़ाने का अनुभव हासिल किया। अमेरिकी नौ सेना में सेवाएँ दे चुकीं सुनीता ने फ्लोरिडा इंस्टीट्यूट ऑफ टेक्नॉलाजी से स्नातक किया। अमेरिकी नौसेना में वह वर्ष 1987 में कार्यभार सम्भाला। वर्ष 1993 में उन्होंने नोबेल टेस्ट पायलट स्कूल से स्नातक किया।

सुनीता विलियम्स भारतीय समयानुसार रविवार 10 दिसंबर 2006 को सुबह 7.17 बजे अन्तरिक्ष में पहुँची। पूर्व नौ सेना प्रशिक्षण पायलट सुनीता मिशन में उड़ान इंजीनियर थीं और वह छः माह की अवधि के लिए अन्तर्राष्ट्रीय अन्तरिक्ष केन्द्र में रुकी थीं। वह अन्तरिक्ष केन्द्र में जर्मन खगोल विज्ञानी टामस रीटर का स्थान ली थीं। इन्होंने अन्तरिक्ष केन्द्र में पदार्पण डिस्कवरी यान से की जो फ्लोरिडा के नासा केन्द्र से छोड़ा गया। ओहियो में जन्मी 41 वर्षीय सुनीता विलियम्स के साथ अन्तरिक्ष में जाने वाले अन्य अन्तरिक्ष यात्रियों के नाम क्रमशः कमांडर मार्क पोलास्की, पायलट विलियम औफेलिन, मिशन विशेषज्ञ जोन हिग्गिनबोथम, निकोलस पैट्रिक, स्पेशवॉकर रॉबर्ट कार्बिम व यूरोपीय स्पेश एजेंसी के क्रिस्टर फुगले सैंग थे। अपने अन्तरिक्ष अभियान के दौरान सुनीता ने अन्तरिक्ष में चहलकदमी की तथा अन्तरिक्ष प्रयोगशाला की बिजली के तारों को दोबारा ठीक किया। उन्होंने अन्तरिक्ष केन्द्र की रोबेट बाँह का संचालन भी किया। यह अन्तरिक्ष में मरम्मत

सम्बन्धी कार्य का सबसे बड़ा जटिल अभियान था। सुनीता ने सितम्बर में लगाये गये सौर पैनल को भी सक्रिय किया। फ्लोरिडा के केप कैनवेरल कैनेडी अन्तरिक्ष केन्द्र से रॉकेट द्वारा प्रक्षेपित किया गया बुस्टर अन्तरिक्ष यान भारतीय समयानुसार मंगलवार को सुबह तीन बजकर 35 मिनट पर अन्तर्राष्ट्रीय अन्तरिक्ष स्टेशन से जुड़ा।

सुनीता विलियम्स ने अपने अन्तरिक्ष यात्रा के दौरान अन्तरिक्ष में एक नये विद्युत् सिस्टम को स्थापित किया। भारतीयों के लिए अन्तरिक्ष से दिये अपने पहले संदेश में सुनीता ने कहा कि—'मैं भी चाहती हूँ कि भारत के लोग उनकी तरह ख्वाब देखें।' दीपक व बोनी पांड्या के ओहियों में जन्मी पुत्री सुनीता ने यह भी कहा कि मैं आधा भारतीय हूँ। मुझे विश्वास है कि भारत के लोग मुझे अन्तरिक्ष में जाने को लेकर काफी प्रसन्न होंगे। वह अन्तरिक्ष में अपने साथ गीता की एक प्रति, भगवान गणेश की छोटी प्रतिमा और पिता द्वारा हिन्दी में लिखा एक पत्र भी ले गयी थी। कल्पना चावला के बाद अन्तरिक्ष में गयी द्वितीय भारतीय मूल की नारी सुनीता विलियम्स पर सम्पूर्ण देशवासियों समेत राष्ट्र को गर्व है।

48

रवीन्द्र नाथ टैगोर

सन् 1861 ई. में बंगाल के एक नामी परिवार में रवीन्द्र नाथ टैगोर का जन्म हुआ था। इनके पिता का नाम देवेन्द्र नाथ था जो हिन्दू समाज में एक क्रान्तिकारी बदलाव के पोषक थे। बालक रवीन्द्र ने अपनी प्रारम्भिक शिक्षा स्कूल में प्राप्त की, पर कुछ ही समय बाद घर पर ही शिक्षक नियुक्त करके उन्हें शिक्षा देने की व्यवस्था की गयी। संस्कृत-व्याकरण, बंगला, अंग्रेजी, गणित, इतिहास, भूगोल, शरीर विज्ञान आदि के साथ ही उन्हें संगीत की भी शिक्षा मिली। घर पर सुयोग्य शिक्षकों की देख-रेख में उनका अध्ययन चलता रहा और पद्यात्मक रचनाओं का उनका शौक भी जारी रहा। सितम्बर, 1878 में अपने भाई सत्येन्द्रनाथ ठाकुर के साथ इंग्लैंड गये। इसके पूर्व उनका प्रथम काव्य संग्रह 'कवि-काहिनी' प्रकाशित हो चुका था। इंग्लैंड के प्रवास काल में भी उनकी कविताएँ 'भारती' में छपती रही। 1880 में वे भारत लौट आये। मई, 1881 में कलकत्ता मेडिकल कॉलेज के लेक्चर थिएटर में उन्होंने 'संगीत एवं वेदना' विषय पर विद्वतापूर्ण प्रवचन दिया। एक सार्वजनिक वक्ता के रूप में वे प्रथम बार उपस्थित हुए थे। दिसम्बर, 1883 में उनका विवाह भवतारिणी देवी (जिन्हें बाद में भ्रणालिनी कहा जाने लगा) से हुआ। इन्हें म्रणालिनी के नाम से भी जाना जाता है। 1884 में आदि ब्रह्म समाज के मन्त्री नियुक्त हुए। 1888 में उन्होंने बड़ी कुशलता और उदार हृदयता के साथ अपनी जमींदारी का प्रबन्ध सम्भाला। इस समय तक उनकी लेखनी बहुत परिवक्व हो चली थी और उनके अनेक काव्य-संग्रह, निबन्ध आदि प्रकाशित हो चुके थे। सन् 1895 में रवीन्द्र के कई शक्तिशाली राजनीतिक लेख प्रकाशित हुए। तिलक पर राजद्रोह के मुकदमें के समय उन्होंने ब्रिटिश सरकार की प्रतिक्रियावादी नीति के विरुद्ध और तिलक के साथ किये गये अन्यायपूर्ण व्यवहार के विरुद्ध एक अत्यन्त रोषपूर्ण लेख लिखा। उन्होंने बंगाल प्रादेशिक सम्मेलन के अधिवेशन में उपस्थित होकर बंगाल को राजनीतिक एवं सांस्कृतिक दृष्टि से विभक्त करने की साम्राज्यवादी कुटिल नीति की प्रखर आलोचना की।

कवि रवीन्द्र के जीवन में न केवल कविता ही घुली-मिली थी बल्कि साहित्य सभ्यता, कला और शिक्षा का भी उनमें अद्भुत समन्वय था। सन् 1905 के बंग-भंग के बाद वे राष्ट्रीय आन्दोलन में खुलकर भाग लेने लगे। उनके राष्ट्रीय गीतों ने सम्पूर्ण बंगाल में जागृति पैदा कर दी। उन्होंने घूम-घूम कर जन-सभाओं में जोशीले भाषण दिये और अपने

जादू भरे शब्दों से जनता को प्रभावित किया। उन्होंने विशाल जुलूसों का नेतृत्व किया। कवि रवीन्द्र शीघ्र ही राष्ट्रीय आन्दोलन के एक अग्रणी नेता और राष्ट्रीयता के प्रमुख व्याख्याता बन गये। बंगाल की राजनीति में जब गरम और नरम दल दो भागों में बँट गये तो कवि ने इस फूट पर भारी खेद व्यक्त करते हुए सुरेन्द्रनाथ बनर्जी के नेतृत्व का समर्थन किया। राष्ट्रीय आन्दोलन में भाग लेने के मूल में रवीन्द्र का उद्देश्य था कि नवोदित राष्ट्रीय स्वतन्त्र प्रेम का उपयोग रचनात्मक कार्यक्रम के लिए किया जा सकेगा, किन्तु इस कार्य में उन्हें पूर्णतया सफलता हासिल नहीं हो सकी क्योंकि राष्ट्रीय आंदोलन का स्वरूप क्रान्तिकारी होने लगा था तथा जगह-जगह हिंसात्मक घटनाएं घटित हो रही थीं। रवीन्द्र नाथ इन सब परिस्थितियों से निराश होकर शान्ति निकेतन में निवास करने लगे। रवीन्द्र ने सक्रिय राजनीतिक आन्दोलन से अवश्य संन्यास ले लिया, लेकिन साहित्य सृजन के माध्यम से वे देशवासियों में पुनर्जागरण की भावनाएँ फैलाते रहे। अपने लेखों में उन्होंने प्रचलित राजनीतिक विचारधारा के प्रति असहमति प्रकट की । उनका विचार था कि वास्तविक स्वाधीनता प्राप्त करने के लिए हृदय परिवर्तन, आन्तरिक शुद्धि और साथ ही आद्योपान्त सामाजिक कार्यक्रम स्वीकार करके तद्नुसार कार्य करना आवश्यक है। सन् 1908 में बंगाल प्रान्तीय राजनीतिक सम्मेलन के अपने अध्यक्षीय भाषण में उन्होंने रचनात्मक कार्यक्रम और हिन्दू-मुस्लिम एकता पर विशेष बल दिया। रवीन्द्र ने देशवासियों को चेतावनी भी दी कि वे अपने स्वाभाविक क्रोध को घातक रूप में व्यक्त न करें।

रवीन्द्र नाथ टैगोर द्वारा लिखित बंगाली भाषा की श्रेष्ठ पुस्तक 'गीतांजलि' के अंग्रेजी संस्करण के प्रकाशित होने पर चारों ओर साहित्यिक समाज में उनकी धूम मच गयी। इस पुस्तक पर उन्हें नोबेल पुरस्कार भी प्रदान किया गया। मई 1912 में यूरोप की यात्रा के दौरान रवीन्द्र ने जगह-जगह भाषण दिये। उनका मुख्य उद्देश्य था—भारत की संस्कृति में जो कुछ सर्वोत्तम है उसे यूरोप के लोगों के सामने प्रस्तुत करना। अक्तूबर, 1913 में वे पुनः भारत लौट आये और 15 नवम्बर को उन्हें यह सुखद समाचार मिला कि 'गीतांजलि' पर उन्हें नोबेल पुरस्कार देकर सम्मानित किया गया है। अब रवीन्द्र का साहित्यिक यश-गौरव चारों ओर फैल गया। जून, 1915 में सरकार ने उन्हें 'सर' की उपाधि प्रदान की। रवीन्द्र ने बराबर विदेश यात्राएँ कीं और भारत के लिए एक गैर-सरकारी सांस्कृतिक दूत का काम करते हुए संसार की दृष्टि में भारत को ऊँचा उठाया। विभिन्न विश्वविद्यालयों ने उन्हें 'डॉक्टर ऑफ लिटरेचर' की सम्मानसूचक उपाधियों से विभूषित किया जबकि उन्होंने किसी विश्वविद्यालय में शिक्षा प्राप्त नहीं की थी और यहाँ तक कि वे मैट्रिक्यूलेशन की परीक्षा में भी नहीं बैठे थे। रवीन्द्र एक ओर तो विदेशों में भारत की यश-पताका फहराते रहे और दूसरी ओर भारत में ब्रिटिश शासन की साम्राज्यवादी और दमनकारी नीति पर भी प्रहार करते रहे। अमेरिका के एक पत्रकार सम्मेलन में उन्होंने स्पष्ट शब्दों में कहा कि "आपके देश के लोग एशियावासियों के साथ जैसा व्यवहार करते हैं, वह आपके राष्ट्रीय जीवन का अत्यन्त निन्दनीय पक्ष है।" सन् 1918 में रौलट एक्ट के विरुद्ध देश में आन्दोलन चला और सरकार ने घोर दमनकारी नीति अपनाई। इस पर मई, 1919 में

रवीन्द्र ने अपनी 'सर' की उपाधि का परित्याग कर दिया और पत्र में गवर्नर जनरल को लिखा कि सरकार ने जो पाशविक दमन-चक्र चलाया है उसका उदाहरण सभ्य शासन के इतिहास में कहीं नहीं मिलता।

22 सितम्बर, 1918 को रवीन्द्र नाथ टैगोर द्वारा विश्व भारती की स्थापना की गयी और जुलाई, 1919 में उसमें शिक्षण कार्य प्रारम्भ हुआ। विश्व-भारती आज भी महाकवि का यशोगान कर रही है, जहाँ देश-विदेश के छात्र भारतीय सभ्यता और संस्कृति का पाठ पढ़ने आते हैं। सन् 1920 में रवीन्द्र पुनः विदेश यात्रा पर गये और अपने अधिकांश भाषणों में उन्होंने जहाँ 'पूर्व का सन्देश' व्यक्त किया वहाँ 'पूर्व और पश्चिम के मिलन' पर भी प्रकाश डाला। उनकी साहित्य रचना निरन्तर फलती-फूलती रही। उनका कर्ममय जीवन वर्ष पर वर्ष पार करता रहा। 14 अप्रैल, 1941 को उन्होंने अपनी 80वीं वर्षगांठ मनाई। महाकवि का स्वास्थ्य क्रमशः बिगड़ता गया और 7 अगस्त, 1941 को वे चल बसे। इस प्रकार वह दिव्य ज्योति जो अर्द्धशताब्दी से भी अधिक समय तक सम्पूर्ण विश्व को आलोकित करती रही, सदा के लिए बुझ गयी। भारत के राष्ट्रीय गान 'जन गण मन अधिनायक' के रचयिता, इस विश्वकवि ने अपनी कविताओं, रचनाओं तथा कार्यों के द्वारा शिक्षा और संस्कृति को एक वैज्ञानिक स्वरूप देने का प्रयास किया। इनके कार्यों और रचनाओं के लिए इन्हें हमेशा याद किया जायेगा।

49

प्रेमचंद

इनका जन्म 31 जुलाई सन् 1880 को बनारस (उत्तर प्रदेश) के लमही नामक गाँव में हुआ था। मुंशी प्रेमचंद हिन्दी साहित्य के महान उपन्यासकार थे। इनके पिता का नाम अजायबलाल तथा माता का नाम आनन्दी देवी है। इन्होंने प्रारम्भिक शिक्षा उर्दू, फारसी में लमही में ही एक मौलवी से ग्रहण की। यह भारतीय विषय-वस्तु पर उपन्यास व कहानियों को पाश्चात्य साहित्य शैली में प्रस्तुत करने वाले हिन्दी तथा उर्दू के अग्रणी लेखक थे।

प्रेमचंद की अधिकांश श्रेष्ठ कृतियां उनकी लगभग 250 कहानियों में निहित हैं, जिन्हें *मानसरोवर* शीर्षक से संगृहीत किया गया है। उनके उपन्यासों की ही भाँति अपने स्वरूप तथा शैली में सुगठित इस संग्रह में भी उत्तर भारतीय जीवन के विस्तृत आयामों को विषय-वस्तु बनाया गया है। आमतौर पर ये कहानियाँ किसी नैतिकता की ओर इंगित करती हैं या इनमें किसी मनोवैज्ञानिक सत्य का उद्घाटन होता है।

प्रेमचंद द्वारा लिखित उपन्यासों में मुख्य रूप से *प्रेमाश्रम* (1922); *रंगभूमि* (1924); *ग़बन* (1928); *कर्मभूमि* (1931) और *गोदान* (1936) शामिल हैं। *गोदान* को प्रेमचंद की सबसे महत्त्वपूर्ण कृति माना जाता है। इनकी प्रसिद्ध कहानियों में 'प्रेम पच्चीसी' नमक का दरोगा, पूस की रात, कफन आदि हैं।

सन् 1921 में महात्मा गांधी के असहयोग आंदोलन में शामिल होने तक प्रेमचंद ने शिक्षक के रूप में काम किया। लेखक के रूप में पहले इन्हें उर्दू में लिखे उपन्यासों और कहानियों के लिए ख्याति मिली। प्रेमचंद की कृतियों के आगमन से पहले बंगाल की तरह उत्तरी भारत में कहानी एक स्वीकृत साहित्यिक विधा नहीं थी। यद्यपि प्रेमचंद अपनी हिन्दी रचनाओं के लिए जाने जाते हैं, लेकिन मध्य वय तक इस भाषा में उनका पूरा प्रवाह नहीं बन पाया था। 1918 में इनके पहले प्रमुख हिन्दी उपन्यास *सेवासदन* में वेश्यावृत्ति और भारतीय मध्यम वर्ग में नैतिक भ्रष्टाचार की समस्याओं का चित्रण किया गया है। प्रेमचंद की कृतियों में नियोजित विवाह की बुराइयों, अंग्रेज नौकरशाही के दुर्व्यवहार और महाजनों व अधिकारियों द्वारा ग्रामीण कृषकों के शोषण का चित्रण है। सन् 1936 में इस महान लेखक की मृत्यु हो गयी।

50

दादासाहब फाल्के

सन् 1870 में जन्मे दादासाहब फाल्के भारतीय सिनेमा जगत् के एक प्रसिद्ध निर्देशक थे। इनका पूरा नाम धुंडीराज गोविंद फाल्के है। इस फिल्म निर्देशक को भारतीय फिल्म उद्योग का जनक कहा जाता है। दादासाहब फाल्के ने भारत में पहली स्वदेशी फीचर फिल्म का निर्माण किया और इस प्रकार भारतीय सिनेमा के विकास की नींव रखी।

प्रारम्भ से ही दादा साहब फाल्के की रुचि सृजनात्मक कला में थी। सन् 1885 में वह बंबई (वर्तमान मुंबई) के सर जे.जे. स्कूल ऑफ आर्ट में दाखिल हुए। उनकी रुचि कई विषयों में थीं और उन्होंने फोटोग्राफी, वास्तुशिल्प और अव्यवसायी नाट्यकर्म की शिक्षा ली, यहाँ तक कि जादू में भी निपुणता प्राप्त की। कुछ समय तक उन्होंने चित्रकार, थिएटर के मंच सज्जाकार और राज्य के पुरातत्त्व विभाग में फोटोग्राफर के रूप में काम किया। प्रख्यात् चित्रकार राजा रवि वर्मा के लिथोग्राफी छापेखाने में काम करने के दौरान उन पर वर्मा द्वारा बनायी गयी हिन्दू देवताओं की चित्र श्रृंखला का महत्त्वपूर्ण प्रभाव पड़ा। इन चित्रों ने बाद में फाल्के द्वारा बनायी गयी पौराणिक फिल्मों में विभिन्न देवी-देवताओं के चित्रण को प्रभावित किया।

गोविन्द फाल्के ने अपने एक सहयोगी के साथ मिलकर फाल्केज आर्ट प्रिंटिग एंड एनग्रेविंग वर्क्स की स्थापना की, किन्तु वैचारिक भिन्नता की वजह से इनका व्यवसाय शीघ्र ही खत्म हो गया। अनायास ही लाइफ ऑफ क्राइस्ट (1910) फिल्म देखने का मौक़ा मिलना फाल्के के जीवन में एक महत्त्वपूर्ण मोड़ साबित हुआ। इस फिल्म से प्रभावित होकर, भारतीय छवियों को जीवंत रूप में परदे पर लाना उनका ध्येय बन गया। सन् 1913 में फाल्के ने भारत की पहली मूक फिल्म *राजा हरिश्चन्द्र* प्रदर्शित की। उनके द्वारा लिखित, निर्मित, निर्देशित और वितरित यह फिल्म बेहद सफल रही। उस जमाने में अभिनय का पेशा स्त्रियों के लिए वर्जित था, उस समय फाल्के ने अपनी फिल्म *भस्मासुर मोहिनी* (1913) में पहली बार प्रमुख भूमिका में एक अभिनेत्री को उतारा। सन् 1917 में फाल्के ने हिन्दुस्तान फिल्म कम्पनी की स्थापना की और कई फिल्मों का निर्माण किया। लगभग 19 वर्षों के कार्यकाल में उन्होंने 95 फिल्मों और 26 लघु फिल्मों का निर्माण किया। प्रतिभावान फिल्म तकनीशियन फाल्के ने विभिन्न प्रकार के विशेष प्रभावों का

प्रयोग किया। उनकी फिल्मों की पौराणिक विषय-वस्तु और ट्रिक फोटोग्राफी ने दर्शकों को चमत्कृत कर दिया। *लंकादहन* (1917), *कृष्ण जन्म* (1918), *गंगा व तरण* (1937) और *परशुराम* (1928) उनकी अन्य सफल फिल्में थीं। सिनेमा में आवाज की शुरुआत और फिल्म उद्योग के विस्तार के साथ ही फाल्के की बनायी मूक फिल्मों की लोकप्रियता समाप्त हो गयी। उन्होंने सन् 1930 के दशक में फिल्म निर्माण छोड़ दिया और एक अकेले और बीमार व्यक्ति के रूप में सन् 1944 में उनकी मृत्यु हो गयी। सरकार ने इसकी क्षतिपूर्ति का प्रयास किया और उनके नाम पर एक फिल्म पुरस्कार की शुरुआत की गयी, जिसे भारत के राष्ट्रपति स्वयं प्रदान करते हैं।

51

जे.आर.डी. टाटा

इनका जन्म सन् 1904 में पेरिस में हुआ था इन्होंने अपनी पढ़ाई-लिखाई पेरिस में सम्पन की। शिक्षा प्राप्त करने के उपरान्त जब वे भारत आये और उन्होंने अपना कैरियर एक सहायक के रूप में आरम्भ किया। 1926 में वे टाटा समूह से सम्बद्ध हो गये।

जे.आर.डी. टाटा को इस शताब्दी का महान् पुरुष और उद्योगपति माना जाता है। उनमें जो सूझ-बूझ और दूरदृष्टि थी और जिसके कारण टाटा उद्योग का इतना अधिक विस्तार हुआ उसके सम्बन्ध में व्यापक विचार करने की आवश्यकता है। जे.आर.डी. जब टाटा समूह के अध्यक्ष बने, उस समय टाटा समूह में केवल 15 कम्पनियाँ थीं। इनकी दूरदृष्टि और योजना का परिणाम यह हुआ कि इनके अध्यक्षता काल में उनकी गिनती सौ का आंकड़ा पार कर गयी।

भारत के औद्योगिक घरानों में टाटा समूह का जो भी स्थान हो उसमें जिस प्रकार के विभिन्न क्षेत्रों में उद्योगों का आरम्भ किया और मुक्तहस्त होकर जनता की सेवा के लिए अस्पतालों तथा अन्य सेवाकार्यों का विस्तार किया, उसका मुकाबला कोई भी औद्योगिक घराना नहीं कर पायेगा।

व्यक्तिगत रूप से विमान उड़ाने की अनुमति और लाइसेंस प्राप्त करने वाले प्रथम भारतीय थे। उन्होंने सर्वप्रथम 1929 में कराची से बम्बई तक उड़ान भरी। तब भारत में हवाई अड्डों का कोई विशेष प्रबंध नहीं था। कराची से जब उड़ान भरते तो उस स्थान के आस-पास कीचड़ भरा होता। 1930 में उन्होंने बम्बई से इंग्लैण्ड तक अकेले एक सीट वाले विमान की उड़ान भरी। इस प्रकार उन्होंने 1932 में टाटा एयरलाइंस की शुरुआत की। 1953 के राष्ट्रीयकरण के दौर में टाटा एयरलाइंस को भी राष्ट्रीय सम्पत्ति बना दिया गया और इसका नया नाम 'एयर इंडिया' रखा गया।

लम्बे समय तक टाटा संस्थान की सेवा के उपरांत उन्हें 1938 में टाटा उद्योगों का अध्यक्ष बनाया गया। उनके नेतृत्व में टाटा समूह ने बड़ी तेजी से उन्नति की। इसका मूल कारण यह था कि जे.आर.डी. जिस व्यक्ति को अपनाते वे उनकी पूरी तरह से सहायता करते और उसे इस प्रकार प्रशिक्षित करते थे कि वह व्यक्तिगत रूप से भरोसे के साथ कार्य सम्भाल सके। इसके साथ-साथ उन्होंने जिन लोगों को चुना, उन पर पूरा विश्वास किया। इनमें कुछ प्रसिद्ध व्यक्ति है एस. मुलगांवकर दरबारी सेठ अजीत केरकर, रूसी मोदी आदि। उन्होंने एस. मुलगांवकर के कंधों पर टेलको का कार्यभार डाला। दरबारी सेठ

की देख-रेख में टाटा केमिकल्स रखा गया। टाटा समूह ने जिन ताज होटलों का निर्माण किया था उनकी देख-भाल का काम अजीत केरकर को सौंपा गया। टिस्को के कार्यभार के लिए रूसी मोदी को चुना गया।

जे.आर.डी. टाटा और जवाहरलाल अच्छे मित्र थे। निकट सम्बन्ध होने के बावजूद वे जवाहरलाल जी की आर्थिक योजनाओं और उनसे सम्बद्ध दर्शन से सहमत नहीं थे और जब कभी बात होती तो वह अपनी बात स्पष्ट रूप से उनसे कहने से न हिचकते थे। उनका सपना था कि निजी और सरकारी उपक्रम भारत को आगे ले जाने वाले दो पहिये बनें। लेकिन विचारधारा के अन्तर के कारण नेहरू ने अर्थव्यवस्था और उद्योगीकरण के बारे में कभी उनसे सलाह नहीं किया।

वे होमी भामा को बेहद प्यार करते थे उनके हवाई दुर्घटना में देहान्त पर जे.आर.डी. टाटा ने कहा था—मैं जिससे प्रेम करने लगता हूं अकसर वह मुझसे जल्दी बिछुड़ जाता है। वे इस बात को भली प्रकार समझते थे कि जिस व्यक्ति ने जन्म लिया है उसे इस संसार में अवश्य विदा होना है, परन्तु वे अत्यन्त लगाव के कारण ही ऐसा अनुभव करते थे। ऐसा बहुत कम लोगों को पता है कि होमी भामा जब द्वितीय विश्व युद्ध के कारण भारत में ही फँस गये तो जे.आर.डी. टाटा ने उनके लिए इंडियन इंस्टीट्यूट ऑफ साइंस (बंगलूर) में कॉस्मिक एनर्जी का अलग से एक विभाग खुलवा दिया। इस कार्य का मुख्य उद्देश्य था भामा के कैम्ब्रिज कार्य को जारी रखना। उसके बाद उन्होंने भामा को इंस्टीट्यूट ऑफ फंडामेंटल रिसर्च खोलने में मदद भी की। यही संस्थान आगे चलकर भारतीय परमाणु ऊर्जा कार्यक्रम की जन्मभूमि बनी। इस घटना से स्पष्ट है कि प्रतिभा की कितनी पहचान जे. आर. डी. टाटा में थी।

जे.आर.डी. किसी भी कार्य को पूर्ण दक्षता से करते थे। इसलिए उन्हें भारत सरकार द्वारा बनायी गयी अनेक समितियों में सलाहकार बनाया गया। अपने विचारों के कारण वे सरकार अथवा सरकारी समितियों के निर्णय से सहमत न होते तो अपना पक्ष बहुत युक्ति संगत तरीके से उपस्थित करके शेष सदस्यों को अपने पक्ष का समर्थन करने को बाध्य कर देते थे।

उन्होंने केवल उद्योग जगत् के लिए ही कार्य नहीं किया बल्कि उन्होंने अनेक श्रेष्ठ अस्पतालों की स्थापना की। उनकी रुचि, कला, विज्ञान, थियेटर, शिक्षा और परिवार नियोजन आदि में भी थी। इन सभी योजनाओं के लिए उन्होंने संरक्षक की महत्त्वपूर्ण भूमिका अदा की। भारत सरकार ने 1992 में उन्हें सर्वोच्च सम्मान 'भारत-रत्न' से सम्मानित किया था। सन् 1993 में इस महान आत्मा का देहान्त हो गया, लेकिन आज भी टाटा समूह उनके बतलाये रास्ते पर चल रहा है।

जे.आर.डी. टाटा के पुरखे ईरान से जब वहाँ जबरदस्ती इस्लाम कबूल करवाया जा रहा था, भारत आये थे भारत में आकर इन लोगों ने देश के विकास के लिए जो उत्कृष्ट कार्य किया उसे सदैव याद रखा जायेगा। जमशेदजी नोशेवानजी देश में ऐसे भविष्यद्रष्टा थे जिन्होंने जमशेदपुर में इस्पात कारखाने की स्थापना करके देश में औद्योगिक क्रान्ति का सूत्रपात किया। आज भी टाटा उद्योग समूह देश का एक महत्त्वपूर्ण उद्योग समूह है।

अन्त में....

हम आशा करते हैं कि प्रस्तुत पुस्तक में छात्र/छात्राओं को उनकी जिज्ञासाओं के अनुसार विविध विषयों के निबंध मिल गये होंगे। जिन छात्रों को अन्य विषयों के निबंध की आवश्यकता है, वे हमारे यहाँ से प्रकाशित निबंध की कोई दूसरी पुस्तक लेकर अपने ज्ञान में वृद्धि कर सकते हैं।

* 9 7 8 9 3 5 0 5 7 6 7 2 4 *